13 マネジメント基本全集
The Basics of Management

情報・知識管理 Information Management

インフォメーション・マネジメント

ITとナレッジマネジメント

歌代 豊 編著

学文社

執筆者紹介（執筆順，現職・執筆担当・主要著書）

歌代　豊（うたしろ　ゆたか）　明治大学経営学部助教授　第1・5・6・7・8・9・10・11章担当及び編者
「情報ネットワークと企業間コーディネーション〜ECは企業間関係をどのように変えるか」『企業会計』Vol. 50, No. 3, 1998年3月, pp. 42-48
「アーキテクチャ創造企業の萌芽〜スタンダード競争からアーキテクチャ競争へ」『三菱総合研究所所報』No. 42, 2003年11月, pp. 80-100
「製品開発プロジェクトとPBSC」小原重信・浅田孝幸・鈴木研一編『プロジェクト・バランス・スコアカード』所収，生産性出版，2004年

中野　幹久（なかの　みきひさ）　京都産業大学経営学部助教授　第2・3・4章担当
「財務諸表分析によるロジスティクス・パフォーマンスの評価」『企業会計』Vol. 54, No. 12, 2002年
「需要予測による部門間計画統合—パフォーマンスへの影響と境界連結部門の役割」『ビジネス・インサイト』Vol. 12, No. 4, 2005年
「ロジスティクスにおける部門間統合の分析アプローチ—製品開発との比較において」『マーケティングジャーナル』Vol. 24, No. 3, 2005年

中西　晶（なかにし　あき）　明治大学経営学部助教授　第12・13章担当
『高信頼性組織の条件』生産性出版，2007年
『マネジメントの心理学』日科技連出版社，2006年
『トップ・マネジメントのための経営品質講座』（共著）生産性出版，2006年
『知識社会構築と人材革新：主体形成』（共著）日科技連出版社，2000年
『知識社会構築と理念革新』（共編著）日科技連出版社，2001年

はしがき

　IT（情報技術）はわれわれにとって不可欠な存在であるが，誕生してわずか半世紀の間に絶え間ない技術革新を遂げてきた．企業におけるITの利活用もそれに伴い変容している．今日，IT利活用の良否が経営業績に大きく影響するようになった．そして，ITを巧く経営に活かすことが重要な経営課題になっている．加えて，競争優位の源泉である「無形の資産」としての情報や知識の重要性が高まっている．

　本書は，ITや情報・知識を経営に活かす方法とそのマネジメントの基本事項を整理したものである．経営学，商学を専攻する学生を主な読者対象としたものである．ITの技術的側面は部分的にとどめ，おもに戦略的側面，マネジメント的側面に焦点をあてている．その意味で，技術マネジメントを専攻する大学院生やビジネススクールの学生，ITマネジメントに取り組もうとされる実務家の方々にも参考にしていただけるものと考えている．

　本書は，「第Ⅰ部 ITと価値連鎖マネジメント」「第Ⅱ部 ITと経営戦略」「第Ⅲ部 ITのガバナンスとマネジメント」「第Ⅳ部 ナレッジマネジメント」の4つの部により構成されている．第Ⅰ部では，ITの歴史的経緯と現状の主要な適用領域を紹介する．まず，企業におけるIT利用の歴史を振り返るとともに今日における企業経営でのITの活用領域を概観する（第1章）．IT適用の中核領域の一つは，価値連鎖である．そこで，サプライチェーン・マネジメント（第2章），CRM（顧客関係性管理）（第3章），企業間情報ネットワーク（第4章），といった価値連鎖の主要な業務プロセスごとに，ITの適用形態とその意義を把握する．

　第Ⅱ部では，ITによる戦略創造を扱う．ITがどのように経営に貢献するかを理解し，経営戦略を実現するためのITの活用方法を示す．まず，ITが戦略の創造とマネジメントにどのように貢献するかを検討する（第5章）．次に，

ITを活かした事業戦略策定について論ずる（第6章）．最後に，ITがビジネスモデルを革新したり，新たな事業を創造する力を有している点をさまざまな事例を通して理解する（第7章）．

　第Ⅲ部は，ITのガバナンスとマネジメントを論ずる．まず，コーポレートガバナンスの一環として重要となってきたITガバナンスの全体像を理解する（第8章）．次いで，IT投資の評価マネジメント（第9章），企画開発とプロジェクト・マネジメント（第10章）にかかわるフレームワークや手法を提示する．最後に，近年重要性が高まっている情報セキュリティとリスクのマネジメント（第11章）に言及する．

　第Ⅳ部は，ITの新たな適用領域であるナレッジマネジメントを概説する．まず，ナレッジマネジメントの組織的側面として，企業にとっての知識の重要性と組織の知識創造プロセスを理解し（第12章），次にナレッジマネジメントに必要なITインフラやツールなど技術的側面を概観する（第13章）．

　本書を上梓するにあたり多くの方々のお世話になった．特に，本シリーズ監修者である根本孝，茂垣広志の両先生には企画段階から完成に至るまでご支援，ご助言をいただいた．深謝申し上げる．また，辛抱強く執筆を見守り，適切な編集作業で支援していただいた学文社の田中千津子社長をはじめスタッフの皆さまにも心より感謝したい．

2006年12月

編著者
歌代　豊

目　次

第Ⅰ部　ITと価値連鎖マネジメント

第1章　ITの歴史的変遷 …………………………………… 3
1. コンピュータの起源と原理　3
2. コンピュータ・通信技術の進化　4
3. 企業における情報システム活用の変遷　7
4. 今日のITの活用領域　11

第2章　サプライチェーン・マネジメント ……………………… 18
1. SCMの概念とその意義　18
2. 需給計画のマネジメント　24
3. SCMの実現形態　30

第3章　CRMとマーケティング情報システム ………………… 38
1. 取引データを活用したマーケティング　38
2. 顧客データを活用したマーケティング　42
3. 顧客との新たな関係　51

第4章　企業間情報ネットワーク ………………………………… 58
1. EDIとは　58
2. オープン・ネットワークの登場　64
3. 企業間情報ネットワークの発展　68

第Ⅱ部　ITと経営戦略

第5章　ITによる戦略の創造とマネジメント ………………… 79
1. 戦略実現と経営成果へのITの貢献　79
2. 経営管理システムの体系とプロセス　80
3. バランス・スコアカード（BSC）　82

目次

   4. 経営管理のための新たな IT 環境　87

   5. 事　例　89

      事例：シアーズの BSC と TPI　89

      事例：住友商事の SIGMA21 プロジェクト　89

第6章　IT による競争優位の確立　95

   1. 戦略的情報システム　95

      事例：航空業界のコンピュータ予約システム（SABRE と APOLLO）　95

      事例：医療品発注ネットワーク（アメリカン・ホスピタル・サプライ）　96

   2. 競争戦略と IT　98

   3. 戦略スラスト　102

   4. 戦略的情報システムの機会認識と検討ステップ　105

第7章　IT によるビジネスの革新と創造　111

   1. 電子商取引の発展　111

      事例：GE の TPN　112

   2. IT による取引形態の変化と評価　114

   3. IT によるビジネスモデル革新の類型　117

   4. IT による新たなビジネス　123

      事例：SABRE　124

第Ⅲ部　IT のガバナンスとマネジメント

第8章　IT ガバナンス　131

   1. コーポレートガバナンスと IT ガバナンス　131

   2. IT ガバナンスのフレームワーク―COBIT を中心に　132

   3. IT に関連する組織　135

      事例：リクルートの FIT　136

   4. IT 投資のマネジメントプロセス　138

      事例：ヤンセンファーマ　139

5. EA　　139

第9章　IT投資評価マネジメント･････････････････････････　144

　1. IT評価手法・方法論　　144

　2. IT投資の経済効果の評価手法　　145

　3. ITによる非財務効果の評価的手法　　147

　4. IT投資の総合評価方法論　　151

　5. バランス・スコアカードによる経営とITの戦略マネジメント　　152

第10章　ITの企画開発とプロジェクト・マネジメント･････････　157

　1. IT企画開発プロジェクトの重要性　　157

　2. 分析と設計の手法　　159

　　事例：フォード自動車　　160

　3. プロジェクト・マネジメント　　163

第11章　情報セキュリティとリスクマネジメント･･･････････････　171

　1. IT事故の影響の増大　　171

　　事例：東京証券取引所の売買システム　　171

　　事例：大手IT企業の顧客情報漏洩　　171

　2. 情報セキュリティとその対策　　172

　3. 情報セキュリティ・マネジメントシステム　　174

　4. システム監査　　175

　5. COSOフレームワーク―内部統制とERM　　177

　6. 情報セキュリティと内部統制の関連法　　182

第IV部　ナレッジマネジメント

第12章　組織における知識創造･････････････････････････　189

　1. 知識社会の到来　　189

　2. 組織的知識創造理論　　191

　3. ナレッジマネジメントの確立　　194

v

目次

    4. 新たな視点　198

第13章　ナレッジマネジメントとIT ·················· 204

    1. ナレッジマネジメントを支える情報通信技術　204

    2. データ，情報，知識　208

    3. 企業における展開　211

    4. 新たな課題と方向性　213

索引 ·················· 218

第 I 部
IT と価値連鎖マネジメント

第 I 部
ITと価値連鎖マネジメント

- 第1章 ITの歴史的変遷
- 第2章 サプライチェーン・マネジメント
- 第3章 CRMとマーケティング情報システム
- 第4章 企業間情報ネットワーク

第Ⅳ部 ナレッジマネジメント

第Ⅲ部 ITのガバナンスとマネジメント

第Ⅱ部 ITと経営戦略

情報・知識管理

第1章の要約

　知識・情報は，今日ヒト・モノ・カネと並び第4の経営資源に位置づけられ，経営の中での重要性を高めている．そして，知識・情報を管理し，活用するためには，コンピュータや情報システムが不可欠な基盤，ツールとなっている．今日，情報システムは，情報にかかわる技術としてのIT（Information Technology），あるいは通信を含む基盤技術としてのICT（Information Communication Technology）ととらえられるようになり，経営にとっては戦略実現の武器，重要な投資，管理対象になっている．

　本章では，コンピュータの歴史を辿り，どのような進化を遂げてきたかを概観する．そして，本書のテーマでもある「企業におけるIT活用」の歴史的変遷を検討することにする．

第1章　ITの歴史的変遷

1. コンピュータの起源と原理

(1) コンピュータの起源

　コンピュータの起源を紐解くと，17世紀のパスカル，ライプニッツによる計算機械の研究に遡る．その後，19世紀のバベッジ（Babbage, C.）による解析エンジンの考案があったが，機械上の制約で実用レベルには達しなかった．初めて実用化された計算機は，19世紀末のパンチカード会計機（PCS：Punch Card System）である．穿孔されたカードでデータを投入し，計算を行う機械である．アメリカの国勢調査に用いられたり，経理処理に利用された．

　電子技術の応用により，今日のデジタル・コンピュータの原型ができたのは，第2次世界大戦中であり，そして1946年にはペンシルバニア大学で最初のコンピュータであるENIACが開発された．ENIACは，真空管やリレーが用いられ，大きな部屋が一杯になる大きさであった．戦後，半導体，通信技術の進展とともに，コンピュータは，科学技術用，事務用の双方の用途が広がり，政府機関，自治体，民間企業で有用なツールとして利用されるようになった．

　人類の歴史の中では，農業社会，工業社会というように社会的なパラダイムが変化してきた．これは，数千年前の農具の発明による農業革命，18世紀後半の蒸気機関の発明を起点とした産業革命をトリガーにするものであった．コンピュータの商用化は，これに匹敵する大きなインパクトを与えるものであり，情報革命の原動力になった．そして，今日，工業社会から情報社会，知識社会に急速に移行している（Drucker, P. F., 1993 等）．

(2) コンピュータの原理と基本的機能

　コンピュータは，機能的には中央演算装置（CPU：Central Processing Unit）と主記憶装置（メモリ），外部記憶装置（ディスク，テープ等），入力装置（キーボード等），出力装置（ディスプレイ，プリンタ等）等から構成されてお

り，中央演算装置，主記憶装置は半導体素子によって実現されている．中央演算装置が主記憶装置の命令群（プログラム）を読み出しながら，処理を実行していく．処理の対象となるデータも主記憶装置あるいは外部記憶装置，入力装置から読み出し，結果を保管したり，出力装置に出力する．

　コンピュータでは，プログラムやデータはすべて0または1によって表されている．0または1の1桁を1bitという．数値は二進数（たとえば3は"11"，ただし実際には複雑な数値形式をとる）で数値化され，文字は8bit（＝1byte）や16bit（＝2byte）で1文字が表現される（たとえばASCIIコードの場合，"A"は"01000001"）．現在は，音声，静止画，動画もデータとして扱うが，データを分解すればすべて0，1である．

　コンピュータは，多くの場合データ通信技術と組み合わされ，利用されている．異なった場所からコンピュータを利用することもでき，またコンピュータを介してデータを送受信することができる．

　コンピュータの基本的機能を大きく分けると，① 情報処理，② 情報管理，③ 情報交換，になる．情報処理は，プログラムにより高速に計算，演算処理する機能であり，コンピュータの中心的な役割である．複雑な科学技術計算，企業における会計処理を間違いなく，高速に行うことができる．高性能なそろばんや電卓といえる．情報管理は，記憶装置により情報を蓄積し，それを引き出す機能である．企業では，データベース管理システム等により，会計情報，顧客情報，人事情報等が管理されている．台帳，ファイルに相当するものである．情報交換機能は，利用者間で地理的，時間的制約なく情報交換する機能である．企業間の取引で受発注情報を通信ネットワークを介して送受したり，電子メールで文書を配信することができる．伝票や手紙を代替するものといえる．

2. コンピュータ・通信技術の進化

(1) コンピュータの進化

　ENIACでは，真空管が用いられていた．1950年代後半にはトランジスタ，

60年代半ばからはIC（Integrated Circuit）が利用されるようになった．その後，半導体素子は，LSI（Large Scale Integration），VLSI（Very Large Scale Integration）というように高密度化されるとともに，処理速度も加速度的に高まっていった．半導体大手Intelの創業者ムーア博士が「半導体の集積密度は18〜24ヵ月で倍増する」と指摘した．これはムーアの法則として知られている．半導体の集積密度の向上には限界があるものの，ムーアの法則は半導体性能の指数関数的向上を表現したものとして今日も参照される．処理速度，記憶容量，小型化などさまざまな面で，コンピュータは絶え間なく性能革新を続けている．

性能面での向上に加えて，情報システムの処理方式に関しても，何度かパラダイムの転換が起こった．企業で情報システムが利用され始めた当初は，汎用コンピュータの時代であった．大型のコンピュータを企業で導入し，それを利用者が共有して使っていた．当初，磁気テープや穿孔カードによりプログラムやデータを投入し，バッチ処理とよばれる処理方法で実行する利用形態が中心であった．その後，コンピュータに複数の端末をつなぎ，コンピュータの資源を時間分割し，処理するタイム・シェアリング・システム（TSS：Time Sharing System）が普及した．これらの方式は，1960年代以降中心的なベンダーであったUNIVAC（現在のUNISYS），IBM等によって築かれた．とくに1964年に登場したIBMのS/360というコンピュータが技術形態の基盤を作った．その後，技術計算や制御用を対象としたミニコンピュータやスーパーコンピュータが，DEC（その後，HP，COMPAQに吸収），CRAY Research等により提供された．しかし，情報システムの処理方式に関しては，ひとつのコンピュータを複数の端末から利用するという点では大きな差異はなかった．

1980年代になると，マイクロプロセッサの性能が一段と向上し，パーソナル・コンピュータ（PC：Personal Computer）が誕生し，状況が変化し始めた．PC単独でも計算，データ分析，レポート作成が簡単にできるようになり，中規模のサーバ・コンピュータと接続することにより，データ共有することができるようになった．クライアント（顧客）という位置づけのPCと，サーバと

の組み合わせによる処理方式は，クライアント・サーバ・システム（C/S システム）とよばれている．企業の中に複数のサーバとそこに接続された多数 PC により，負荷を分散する形で処理が行われるようになった．これは分散処理とよばれ，汎用コンピュータが集中処理であったのと対比される．

(2) 通信ネットワーク技術の進化

　汎用コンピュータ，PC とクライアント・サーバ・システムのそれぞれの時代において，通信技術も重要な役割を果たしていた．汎用コンピュータでは，大型のコンピュータを多数の端末によって共有し，利用する．その場合，コンピュータと端末の間のデータ伝送や，異なった拠点での端末利用をする場合の通信が必要となる．これらのデータ伝送，通信は，UNIVAC や IBM といったコンピュータ・メーカーがそれぞれ方式を設定していた．

　PC とクライアント・サーバ・システムの時代になると，複数の PC とサーバが施設内の LAN（Local Area Network）により接続される．LAN では，PC やサーバも，通信においては同等な位置づけにある．これは，汎用コンピュータにおけるデータ伝送・通信が中央の通信制御装置によって行われていた方式と異なっている．LAN では TCP/IP（Transmission Control Protocol/Internet Protocol）とよばれる通信プロトコルが用いられ，多くのサーバや PC がこれに対応した．

　企業においても TCP/IP による LAN が採用されたこと，そして 1990 年代になり WWW（World Wide Web）が普及したことにより，企業の情報システムでもインターネット（Internet）が無視できなくなった．インターネットの起源は古く，アメリカの国防総省高等研究計画局（ARPA）が構築した ARPAnet というネットワークの技術が基盤になっている．その後，大学や学術研究機関のネットワークも ARPAnet の基盤である TCP/IP を採用したことから，ネットワークが相互接続されるようになった．TCP/IP に基づく「ネットワークのネットワーク」がアメリカを中心に，世界的に構築されるようになった．これ

がインターネットの由来である．さらに，1990年代に入ると，民間企業でも利用されるようになった．

インターネットの商業利用に拍車をかけたのがWWWである．WWWは，ドキュメントをHTMLとよばれる言語で記述することにより，インターネット上でドキュメントの共有と閲覧を可能にする仕組みである．WWWに基づきWEBサイトが作成されているため，インターネット上にあるさまざまなホームページを，一般のインターネット・ブラウザから見ることができるのである．

企業における情報システムの処理方式は，①汎用コンピュータ，②PCとクライアント・サーバ・システム，と変遷してきた．現在でも，汎用コンピュータや，PCとクライアント・サーバ・システムは企業の情報システムとして存続している．しかし，企業内部，企業間の通信ネットワークが情報システムに不可欠であり，インターネットがその基盤となっている．その意味で，今日は，③インターネットの時代になったといえる．

3. 企業における情報システム活用の変遷

(1) 発展段階と役割の拡大

コンピュータと通信の技術の進化にともない，企業における情報システムの活用方法も高度化してきた．1970年代には，ノーラン（Nolan, R. L., 1979）が，情報システムの発展段階仮説を示した．当初，4段階であったが，その後の技術と応用の進展をふまえ，79年に，1：初期，段階2：普及，段階3：統制，段階4：統合，段階5：データ管理，段階6：成熟という6段階に改定した．ノーランの発展段階仮説は，当時のひとつの企業内の発展段階を意味している．とくに，段階3の統制から段階4の統合へは技術的な転換点にあたり，情報システムの対象業務範囲が狭いDP（Data Processing；データ処理）から，企業全体で活用する統合されたIT（Information Technology）へ移行すると指摘した．

企業における情報システムの歴史や発展過程については，機能，技術，対象業務範囲などさまざまな観点からみることができる．企業の中での平均的な情

図表1-1 情報システムの役割の変遷

- 知識管理とコミュニケーションのための情報システム
  - 狙い：情報共有・交換，価値創造
  - システム例：ノウハウDB，IR，顧客相談等
  - システムの範囲：組織全般，顧客・投資家
  - ★KM（ナレッジマネジメント）
  - ★CRM（顧客関係管理）

- 戦略実現のための情報システム
  - 狙い：競争優位性確立，顧客囲いこみ
  - システム例：受発注ネットワーク，顧客管理等
  - システムの範囲：業務間プロセス，企業間プロセス
  - ★SIS（戦略的情報システム）

- 意思決定支援のための情報システム
  - 狙い：意思決定の質とスピードの向上
  - システム例：設備診断システム，設計支援システム等
  - システムの範囲：業務管理，非定型業務
  - ★ES（エキスパートシステム）
  - ★DSS（意思決定支援システム）

- 管理のための情報システム
  - 狙い：経営管理支援
  - システム例：経営情報システム等
  - システム化の範囲・単位：経営管理
  - ★MIS（経営情報システム）

- 業務効率化のための情報システム
  - 狙い：業務効率化，コスト低減
  - システム例：一般会計システム，販売管理システム等
  - システム化の範囲・単位：個別定型業務
  - ★DP（データ処理）

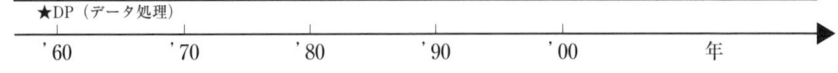

'60　'70　'80　'90　'00　年

報システム発展過程は図表1-1のように示される．次節以降では，これに準じ情報システムの役割の拡大を概観する．

(2) 業務効率化のための情報システム

　企業での情報システムの利用は，定型的な業務活動において，人手で行っていたものをコンピュータで処理することから始まった．たとえば，会計・経理業務では，帳簿をデータベース化し会計データを管理し，そこから集計を自動計算することにより各種帳票を印刷するようになった．販売業務では，受注に始まり，出荷，納品，請求，入金という一連の流れをデータベースで管理し，出荷指示などの他業務への伝票作成や，未処理案件などのチェックなどを効率化することができた．

　1950年代から60年代の情報システム化はほぼこのレベルの実現が主題で

あった．目的は業務の効率化であり，個別業務を情報システム化の単位とし，手作業による定型業務を情報システムで代替することが中心であった．この時代のシステムは，DP（Data Processing），ADP（Automatic Data Processing），EDP（Electronic Data Processing）といったデータ処理に関連した概念で表現された．

(3) 管理のための情報システム

1960年代半ばから，MIS（Management Information Systems：経営情報システム）という概念がアメリカ，そして日本でも話題になり，産業界で研究と取り組みが進められた．しかし，当時掲げられていた「管理者が求める情報を適時に提供する」というレベルには，技術的な制約から達することはできなかった．その結果，MISは miss（失敗），myth（神話）などと揶揄され，否定的にとらえられるようになった（Ackoff, R. L., 1967；Targowski, A., 1990 等）．

実際には，業務処理のシステム化のつぎの段階として，業務管理，財務会計，管理会計といった経営管理のためのレポーティング機能が強化されるようになったことも事実である．情報システムが個別業務の業務データを統合して経営管理情報を提供するという機能の面からは，MISはこの時代の情報システムの発展方向を示したものとして評価できる．

(4) 意思決定支援のための情報システム

1970年代後半から80年代にかけてのコンピュータの技術的な進化は，さらに新たな機能を企業に提供するようになった．対話型のユーザインタフェース，検索技術，そして人工知能の応用技術が実用化された．これによって，業務処理にしても，経営管理にしても，定型的な処理，情報提供しか対応できなかった情報システムが，非定型な業務を支援できるようになった．

これらの流れを示すシステム概念としては，意思決定支援システム（DSS：Decision Support Systems）や，エキスパートシステムがある．DSSは，ゴリー

とスコット・モートン（Gorry, G. A. and M. S. Scott-Morton, 1971）により命名され，「半構造的および非構造的意思決定を支援する情報システム」と定義される．また，スプレーグとカールソン（Sprague Jr., R. H. and E. D. Carlson, 1982）は，DSS の構成と機能を提示しているが，データベース管理機能と対話管理機能に加え，モデルベース管理機能が含まれている点が特徴的である．モデルベースには，問題解決のための財務モデル，統計モデル，数理科学モデルが，汎用ライブラリとして，あるいは個別作成され，管理される．

エキスパートシステムは，人工知能技術の応用システムである．専門家が有する知識を抽出し，それを知識ベースとして蓄え，専門家と同様な推論を行うシステムである．エキスパートシステムの基本構成は，知識ベースと推論エンジンから構成される．知識ベースには，「If A, then B.」といったルール（規則）や，フレームとよばれる構造的知識が管理され，推論エンジンがそれを取り出しながら，問題の解を探索する．1980 年代には，生産スケジューリング，設備異常診断，プラント制御などへの応用が試みられ，実用化された．90 年代に入り，ブームは去ったが，これらの技術の一部は現在も活かされている．

(5) 戦略実現のための情報システム

1980 年代には，情報システムと通信技術との統合により，情報システムの適用の広がりは，企業内にとどまらず，企業間にわたるようになった．メーカーと流通業の間や，製品メーカーとサプライヤとの間の受発注情報がネットワークを介してやり取りされるようになった．その結果，電話や FAX で行っていた業務を低減することが可能となった．

しかし，このような企業間情報ネットワークが構築されるようになり，システムに新たな意味合いが生じてきたのである．企業間ネットワークのメンバー間の取引が容易になり，ネットワーク化されていない企業は取引から排除されるようになったのである．この現象は，当時の有力な戦略論フレームワークであったポーター（Porter, M. E.）の価値連鎖によって説明できた．すなわち，

情報ネットワーク化により強固な連結関係を構築することができ，顧客の取引スイッチングコストが高まったのである．意図的に利用すれば，スイッチングコストを高めることにより，顧客の囲い込みが可能となる．このように「企業の競争戦略，すなわち自社の競争優位の獲得や維持あるいは他社の優位の削減のためのプランニングを，支援もしくは形成する」情報システムを，ワイズマン（Wiseman, C., 1988）は戦略的情報システム（SIS：Strategic Information Systems）とよんだ．SISのアプローチは，顧客のスイッチングコストを高めるという方法だけではない．競争戦略論やSISが注目され，普及することにともない，コスト低減，製品革新，顧客サービス向上などを企図した競争戦略実現の武器として，情報システムの活用が試みられた．

(6) 知識管理とコミュニケーションのための情報システム

1990年代に入ると，情報技術に関してさらに多様な技術革新が展開された．WWW（World Wide Web）の発案により，インターネットの商用利用が拡大した．また，これまで企業の情報システムで扱う情報は，数値と短い文字列が中心であったが，文章，静止画，動画，音声を大量に扱うことが可能となった．

これらの技術革新によって，企業における新たな活用の領域が広がった．インターネットサイトは顧客，投資家等とのコミュニケーションの重要なメディアとなった．また，マルチメディアやグループウェアの実用化により，組織内で情報や知識を共有できる情報システム環境が整った．知識経済時代の到来にともなって今後重要な活用領域となっている．

4. 今日のITの活用領域

前節でみたように，企業の中で情報システムは次第にさまざまな役割を果たすようになってきた．今日では，情報システムは，業務効率化，管理，意思決定支援，戦略実現，知識管理とコミュニケーションといった役割すべてに対応している．1990年代以降，IT（Information Technology：情報技術）という言

葉も一般的に用いられるようになった．しかし，IT は多義的な言葉である．情報を活用する技術という意味で用いられる場合もある．また，ICT（Information Communication Technology）として情報通信に関連する技術をさす場合もある．ここでは，IT を知識・情報の処理，活用に関する技術全般，およびその基盤・ツールである情報システムを指すものとする．その意味では，IT と情報システムを互換的に用いる場合もある．

図表1-2は，企業の主要プロセスを示したものである．ポーターの価値連鎖の主活動は，製品・サービスの提供にかかわるサプライチェーンプロセスと製品・サービス開発に関連するエンジニアリングプロセス，マーケティングプロセス，カスタマーマネジメントプロセスに分けられる．また，それらの主活動を管理するマネジメントプロセスがある．このような主要プロセスに対応づけると，IT の新たな活用領域は以下のように括られる．

1）プロセス統合と ERP

企業の事業活動の中核となるのは，購買，生産，販売というサプライチェーンプロセスである．製造業以外では生産がないが，必要なリソースを外部から調達し，製品・サービスを販売する一連のプロセスである．前節で述べたように，従来情報システムは各業務単位で業務効率化を目的に作られ，利用されてきた．しかし，製品・サービスの提供を効率的に行い，業務スピードを短縮するためには，情報システムを業務間で連携することが不可欠である．そのため，情報システムは業務単位ではなく，購買―生産―販売といったつながりのある業務間をプロセスとしてとらえ，プロセス統合された情報システムを構築することが求められている．

この領域に対して情報サービス業界からは ERP（Enterprise Resource Planning）パッケージが提供されている．会計を中心に生産，販売等の業務を統合したパッケージソフトウェアである．大企業では会計・サプライチェーン領域で ERP パッケージを利用することが多くなっている．ERP パッケージを導入するうえでは，それまでの業務プロセスを見直し，ERP パッケージが提

図表１−２　価値連鎖と情報システム課題

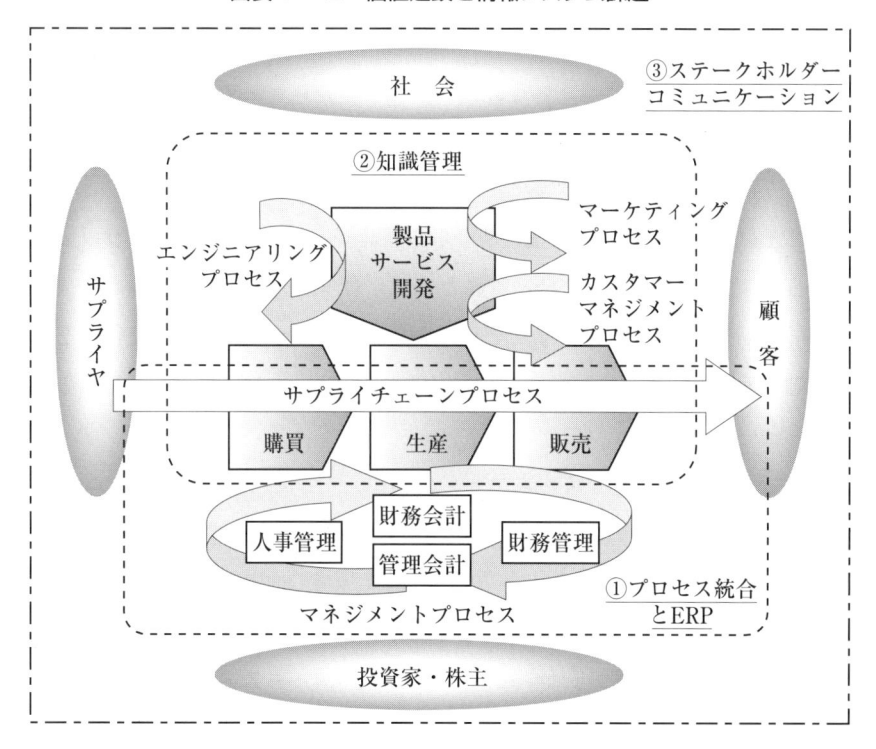

```
                           社　会                    ③ステークホルダー
                                                   コミュニケーション
                    ②知識管理
                         製品         マーケティング
         エンジニアリング   サービス     プロセス
 サ       プロセス         開発         カスタマー        顧
 プ                                   マネジメント
 ラ                                   プロセス         客
 イ
 ヤ       ━━━━━サプライチェーンプロセス━━━━━▶
             購買    生産    販売

                     財務会計
         人事管理              財務管理
                     管理会計
                                            ①プロセス統合
              マネジメントプロセス                 とERP

                     投資家・株主
```

供する機能を前提にプロセス再設計（BPR：Business Process Reengineering）する必要がある．ベストプラクティスを採用するきっかけにもなるが，固有の業務手法，取引慣行を継続できないというデメリットもある．そのため，ERP導入の採否は，情報システム部門や事業部門で決めることは難しく，経営トップの重要な意思決定課題となっている．

2）知識管理（ナレッジマネジメント）

サプライチェーンプロセスを対象としたプロセス統合の次なる課題は，企業の中で価値創造の源である製品・サービス開発に関連したマーケティング，エンジニアリング，カスタマーマネジメントの各プロセスの中にある．これらの領域は定型的な業務以上に非定型な知的業務の占める割合が高い．知的業務を

いかに支援するかが重要となる.

　このような観点から，ナレッジマネジメント（Knowledge Management）が重要なIT課題として認識されるようになった．ナレッジマネジメントの定義は識者により異なるが，ここでは「組織内の人々が有する知識を組織で共有できるようにし，それを活用すること，また新たな知識を創造すること」ととらえることにする．経済は，工業経済から知識経済に転換している．ドラッカー（Drucker, 1993）は，主要な経済資源として，資本，天然資源，労働力に代わり，「知識」の重要性が高まり，そしてナレッジワーカーが中心的な役割を果たすと指摘した．ナレッジマネジメントは，このような知識経済で不可欠な取り組みといえる.

3) ステークホルダーコミュニケーション

　今日新たに立ち上がってきたITの活用領域は，ステークホルダーとのコミュニケーション領域である．企業を取り巻く環境の面からも，企業の社会的責任（CSR：Corporate Social Responsibility）の重要性が高まっている．その結果，上場企業は，広報，IR（Investors Relationship），カスタマーコミュニケーションに積極的に取り組んでいる．コーポレートとしての外部コミュニケーションを広義のコーポレートコミュニケーションと位置づけ，従来分割していた担当セクションを統合化する動きもある．ここでは，これらに事業レベルの顧客，供給業者との関係管理も含めた外部関係者とのコミュニケーションを，ステークホルダーコミュニケーションとしてとらえる.

　インターネット，ブロードバンド通信の普及により，ステークホルダーコミュニケーションにおいても，ITは次第に重要な機能を果たすようになってきた．CRM（Customer Relationship Management）の一貫として，インターネットサイトや電子メールによる製品・サービス情報の発信，問い合わせ対応が，宣伝やサービスでの差別的ツールになっている．また，IRではインターネットによる決算，経営情報の開示が不可欠であり，最近ではインターネットで株主総会に参加できる企業が増えている.

演・習・問・題

問1 PCから私たちはどのような利便性を得ているか,検討しなさい.そして,利便性とそれを生み出しているPCの機能との関係を述べなさい.
問2 インターネットが企業にどのような影響を与えたか,論じなさい.
問3 推薦図書等を参考に,関心ある企業を取り上げ,その企業で情報システムがどのように発展してきたか,まとめなさい.

参考文献

Ackoff, R. L. (1967) "Management Misinformation Systems," *Management Science*, Vol. 14, No. 4.

Drucker, P. F. (1993) *Post-Capitalist Society*, Harpercollins.(上田惇生・田代正美・佐々木実智男訳『ポスト資本主義社会』ダイヤモンド社,1993年)

Gorry, G. A. and M. S. Scott-Morton (1971) "A Framework for Management Information Systems," *Sloan Management Review*, Vol. 13, No. 1.

Nolan, R. L. (1979) "Managing the Crises in Data Processing," *Harvard Business Review*, Vol. 57, No. 2 March-April.

Sprague Jr., R. H. and E. D. Carlson (1982) *Building Effective Decision Support Systems*, Prentice-Hall.(倉谷好郎・土岐大介訳『意思決定支援システムDSS—実効的な構築と運営』東洋経済新報社,1986年)

Targowski, A. (1990) *The Architecture and Planning of Enterprise—Wide Information Management Systems*, Idea Group Publishing.

Wiseman, C. (1988) *Strategic Information Systems*, Richard D. Irwin, Inc.(土屋守章・辻新六『戦略的情報システム—競争戦略の武器としての情報技術』ダイヤモンド社,1989年)

《推薦図書》

1. 矢沢久雄(2003)『コンピュータはなぜ動くのか—知っておきたいハードウエア&ソフトウエアの基礎知識』日経BP
   コンピュータの基本原理,ハードウェアとソフトウェアの基礎をわかりやすく説明している.

2. 浅田孝幸編(1994)『情報ネットワークによる経営革新—主要8社のフィールド・スタディ』中央経済社
   ITを活用した企業事例が豊富に示されている.

3. Moschella, D. C. (1997) *Waves of Power*, Amacom.（佐々木浩二訳『覇者の未来』IDG コミュニケーションズ，1997 年）
　IT の歴史的変遷を IT サービス産業側から分析している．IT 産業の戦略を考えるうえでも示唆的である．

第 2 章 の 要 約

　サプライチェーン・マネジメント（SCM）は，企業内外にわたりモノ，サービス，お金，情報のストックとフローを統合的に管理することによって，最終消費者に対して効率的かつ効果的に商品を供給する経営手法である．

　SCM には，第一世代（モノのストックとフローの管理），第二世代（ビジネス・プロセスの管理），第三世代（企業間ネットワークの管理）とよばれる 3 つの世代がある．そしてこれらの発展を通じて，サプライチェーンのコストや在庫を減らし，さらには物流サービス水準を向上させることによって，営業キャッシュフローを増やすことを目標としている．しかしこれらの目標を達成するには，組織間の利害対立を克服する必要がある．

　その利害対立のベースにある，目標間のトレード・オフを解決する手段のひとつが，需給計画のマネジメントである．需給計画は，需要予測，在庫計画，生産計画，さらには調達計画，配送計画へとつながっていく．このような需給計画の根本には，需要予測の精度問題がある．そしてその解決には，単にツールの導入といった技術的な面だけではなく，マネジメント上の課題が存在している．

　SCM では，先進的な予測や計画への取り組みがみられる．それらは，もはや第一世代の SCM を超えたものである．このような SCM は，「需要創造」の実現も視野にいれた，「攻め」の経営を実現する経営手法へと発展する可能性を秘めている．

第2章　サプライチェーン・マネジメント

1. SCMの概念とその意義

　本章では，企業内部門間および企業間における調達，生産，販売，物流といった機能を，情報技術を活用して統合的に管理する，サプライチェーン・マネジメント（以下，SCMと略す）とよばれる経営手法についてとりあげる．

(1) SCMとは

　SCMの概念を理解するために，典型的なサプライチェーンを想定しよう．われわれ消費者が購入・使用する商品をつくっている企業は，メーカーとよばれる．メーカーにその商品のもとになる原材料や部品を供給する企業は，サプライヤとよばれる．またメーカーがその商品を販売してもらうために，取引をしているのが流通業である．流通業としては，たとえば卸売業や小売業が存在する．このような，サプライヤ，メーカー，卸売業，小売業の間では，モノやサービス，お金，そして情報がやりとりされている．これらの企業は，もちろん同じ組織体に属しているわけではない．しかしあたかも鎖（チェーン）で結びついているかのように，仮想的な組織体におけるモノ，サービス，お金，情報のストックとフローを統合的に管理することによって，最終消費者に対して効率的かつ効果的に商品を供給する経営手法がSCMである（図表2-1）．

　SCMは，第4章で詳述する企業間情報ネットワークを基盤としている．とくに，戦略提携型ECの原型であるQR/ECRは，SCMと統合される．その意味では，一般的にSCMは特定少数の企業との，長期・継続的な関係に基づいている．よってSCMは，パートナーシップを結んだ企業群が，情報技術を活用して，調達，生産，販売，物流といった機能を連携させながら，サプライチェーンとしての競争優位を実現する取り組みであると理解することもできる．

図表2－1　サプライチェーンのイメージ

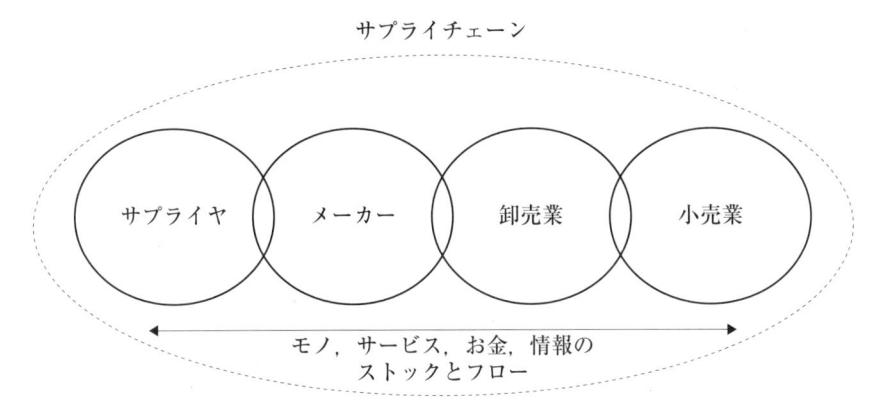

サプライチェーン

サプライヤ　メーカー　卸売業　小売業

モノ，サービス，お金，情報の
ストックとフロー

(2) SCM が注目される背景

　SCM の概念が提唱され始めたのは 1980 年代といわれている．しかし世間で SCM の概念が注目され始めたのは 1990 年代末のことである．このタイムラグについては，ひとつは情報技術の発展を理由にあげることができる．SCM の概念は，ある意味で理想的なかたちである．しかしその理想を実現するうえで，十分にコスト・パフォーマンスの高い情報技術が当時は存在していなかった．その後，よく知られているように，Windows 95 の登場やインターネットの普及によって，事実上の標準（デファクト・スタンダード）といわれる，オープンな情報技術が広く使われるようになった．SCM を導入する企業が増えている背景には，このような情報技術の発展が大きく影響していることは間違いない．

　しかし SCM が注目をあびている理由は，このような技術的な面だけではない．その背景には，経営環境の変化がみられる．中でも，需要の不確実性が高くなり，その変動に適応することが課題となっていることがあげられる．現代は多品種少量生産の時代である．顧客ニーズは多様化し，その変化のスピードは，過去に比べて圧倒的に速くなっている．このような経営環境の変化に対応するために，企業はライフサイクルの短い商品をタイムリーに市場へ投入する

という戦略を採用する．しかしその戦略を具体化するためには，自社だけの取り組みでは十分ではない．サプライチェーンが一体となって対応しなければ，どこかで商品が滞ったり，逆に足りなくなるという事態が発生しかねない．そこで企業は，取引先と協同して，需要の不確実性に対応するために，たとえば情報を共有したり，その情報を活用して社内の業務活動をより効率的・効果的に行うことを目的として，SCMに注目しているのである．

このようにSCMはそれほど新しい概念とはいえないが，最近になってようやく実現が可能になり，また経営成果の向上が期待されているマネジメント概念のひとつととらえることができる．

(3) SCMの変遷

SCMは，サプライチェーンのどこをマネジメントの対象とするかによって，3つの世代があるといわれている（図表2-2）．第一世代は，モノのストックとフローの管理である．すなわち，情報を活用することによってモノのストックとフローを管理するロジスティクスの概念を，企業間で実現するというものである．一般的に，サプライチェーン・ロジスティクスといわれている場合は，この世代を意味している．

第二世代は，ビジネス・プロセスの管理である．ビジネス・プロセスとは，顧客に対して，何らかの価値を提供する一連の活動のことである．ビジネス・プロセスは，いくつかの業務機能がつながったものである．第一世代では，既

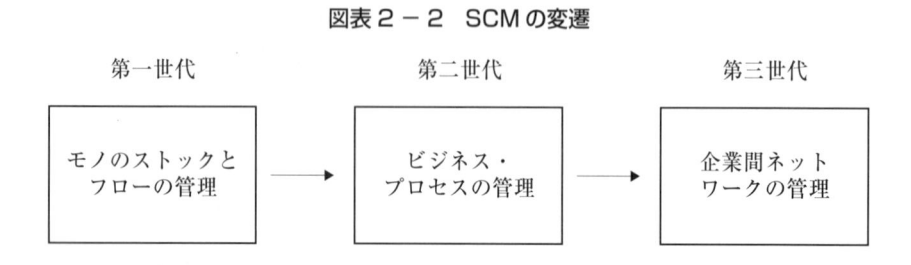

図表2-2　SCMの変遷

第一世代	第二世代	第三世代
モノのストックとフローの管理	ビジネス・プロセスの管理	企業間ネットワークの管理

存の業務機能のプロセスは一定として，それらの機能間を，情報を活用することによって統合する．これに対して，第二世代では，業務機能のプロセスの見直しが行われる．たとえば，アパレル企業のベネトンの「後染め」が有名である．これは一般にアパレル業界では，糸を染めてから編む（あるいは縫う）のに対して，ベネトンでは編んだ（あるいは縫った）後に染めるという技術を先駆けて開発し，ビジネス・プロセスの見直しが行われた．これによって，商品を店舗へ補充する期間を短縮し，色別の需要変動に対応することができるようになったのである．この世代におけるSCMは，企業間でBPR（Business Process Re-engineering）を実現する方法論ととらえることもできる．

　第三世代は，企業間ネットワークの管理である．戦略提携型の企業間ネットワークをいかにして構築していくのかという問題である．第二世代では，既存の企業間ネットワークは一定として，業務機能のプロセスの見直しを行う．これに対して，第三世代では，企業間ネットワーク自体の見直しが行われる．これは，基本的には長期・継続的な企業間関係が基盤となっているが，必ずしも従来からの取引にとらわれることなく，必要があれば柔軟に取引先を見直していくことを意味している．そこでは，企業は中核的なビジネス・プロセスに集中して，それ以外のビジネス・プロセスは他の企業へアウトソーシングしていくような，ダイナミックな企業間ネットワークの再構築が行われることもありうる．エレクトロニクス業界では，製造機能をEMS（Electronic Manufacturing Service）とよばれる製造請負業にアウトソーシングする事例が増えている．その場合，たとえば製品開発やマーケティングといった機能に経営資源を集中することになろう．これは第三世代のSCMの一例と理解することができる．

(4) SCMの目標

　企業はSCMの概念を実現し，それを発展させることによって，次のような目標を達成することをめざしている（図表2-3）．ひとつは活動レベルの目標

であり，①サプライチェーン・コストの減少，②サプライチェーンにおける不良在庫の減少，③サプライチェーンが一体となった，最終消費者への物流サービス水準の向上の３つに整理することができる．もうひとつは業績レベルの目標であり，ひとことでいえば，営業活動によるキャッシュフローを増やすことである．すなわち，本業である営業活動において，どれぐらい現金収支を増やすことができたかを目標とする．

　上記の活動レベルの目標と業績レベルの目標は密接に関係している．すなわち，物流サービス水準を向上し，最終消費者の満足度を高めることを通じて，売上高を増やすとともに，できるだけ無駄なコストを抑え，また不良在庫をもたないようにすることによって，営業キャッシュフローの増加をめざす．そのためには，たとえばメーカーが卸売業に販売した商品が，卸売業の物流倉庫にたくさん滞留していて，まだその資金を回収できていない場合，営業キャッシュフローは減ることになる．このような売上債権は，取引先に滞留している流通在庫とみなしてもよいだろう．SCMでは，企業は自社が抱えている不良在庫だけでなく，取引先に滞留している流通在庫も合わせて減らしていくこと

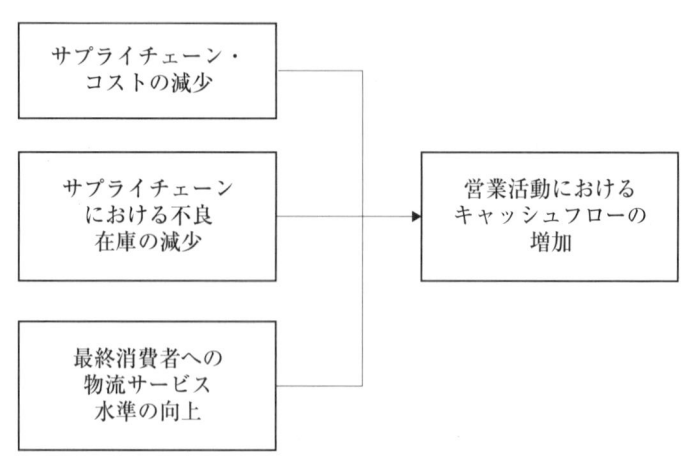

図表２－３　SCMの目標

が課題になるのである．

(5) SCM の問題点

　活動レベルの目標を達成する上で問題になるのが，組織間での利害の対立である．まずは企業内部門間の例をみてみよう．

　たとえばメーカーであれば，生産部門では「製造原価の低下」を目標として，工場の設備稼働率を向上させるために，製造ロットを大きくして，工場を安定的に操業しようとする．販売部門では「売上高の最大化」を目標として，できるだけ余裕をもって在庫を確保し，品切れによる機会損失をなくそうとする．調達部門では「購買単価の低下」を目標として，サプライヤと長期契約を結んで，購買ロットをできるだけ大きくして，原材料・部品を安定的に入荷しようとする．物流部門では「製品当たりの物流費の最小化」を目標として，中でも物流費の大半を占める配送費を減らすために，少頻度大ロットの配送を行おうとする．

　このような各部門の目標は，部門横断的にみると，つぎのように相反する部分が内在している．たとえば，調達部門が購買単価を低下させようとして，大ロットで原材料・部品を購入した場合，生産部門は損傷や陳腐化のリスクを抱えることになり，製造原価が上がることになる．また販売部門が販売実績に応じた臨機応変な売れ筋商品の供給を求めた場合，生産部門は工場での段取り変更などのタスクの増加により，製造原価が上がることになる．同様に，販売部門が売れ筋商品の機会損失を発生させないように，高い物流サービス水準を要求すれば，物流部門は多頻度小ロット配送を行う必要があり，配送費が上がることになる．

　さらにこのような利害の対立は企業間でもみられる．たとえば小売業は店頭での欠品を避けて，機会損失を発生させないようにするために，メーカーや卸売業に多頻度小ロット配送を要求する．しかしメーカーや卸売業は，できるだけ物流費を減らすために，計画的な大ロット配送を志向する．ただしメーカー

も生産活動においては，サプライヤに対して，原材料・部品の多頻度小ロット配送を要求する．しかしサプライヤはもちろん，計画的かつ大ロットで生産・配送できることが望ましい．このような利害の対立は，部門単位や企業単位での部分最適な目標を達成するのではなく，サプライチェーン全体の最適化をめざす上で，大きな障害になるものである．利害対立が残ったままでは，SCMを推進することには賛成であっても，実際には自分が所属する組織の利益を優先した行動をとってしまうものである．以上の問題点については，まだSCMの成功事例自体がそれほど多くなく，実務・研究の両面で，マネジメントのあり方を探っていく必要がある．

2. 需給計画のマネジメント

SCMの機能は，大きく計画（プランニング）と実行（オペレーション）に分けられる．本節では，メーカーの視点からSCMの中心的な計画機能である需給計画のマネジメントを検討する．

(1) 需給計画とは

SCMでは，理想をいえば，サプライチェーンのコストも不良在庫も減らしたいし，同時に物流サービス水準も向上させたい．しかしこれらの目標の間には，一般的にトレード・オフが発生する．そのトレード・オフを解決するには，岡本博公（1995）によれば，できるだけ精度の高い需要予測に基づく生産計画を立案するとともに，計画と生産に要する時間を短縮し，迅速な生産対応を可能にする必要がある．

ここで需要予測から生産計画にいたるプロセスにおいて立案される計画を総合して，本章では「需給計画」とよぶことにする．需給計画は，先のトレード・オフを解決する前者の手段に該当する．この業務は，たとえば販売・在庫・仕入などのデータを必然的に使用するため，情報技術の活用が前提となる．しかし後に説明するように，この業務にかかわる組織は，企業内であっても複

数の部門にまたがっており，各部門が立案する計画を統合することはそれほど容易なことではない．すなわち，計画機能を有する情報技術を開発・導入するだけでは，それらの計画を統合することは実際には難しい．

(2) 需給計画の流れ

　需給計画の業務は，企業によってそのやり方に違いがみられると考えられる．ここでは，見込み生産を行うメーカーを例にして，典型的な業務の流れをみてみよう（図表2－4）．

　まず最初に行われるのが需要予測である．これは製品がいったいどれぐらい売れるのかをあらかじめ予測するものである．その場合，需要に影響を与える要因を分析しながら，客観的な因果性や法則性をもとに，「売れる数」を予測することになる．この需要予測をもとに，製品別の在庫計画が立案される．これは需要予測の誤差を見積もったうえで，どれぐらいの在庫を確保しておけば，欠品を発生させることなく，製品を供給できるのかを計画するものである．ただしここで，供給側の都合も反映しておかなければならない．たとえば，ある製品が100個売れると予測しても，生産の都合上，80個しか供給できないのであれば，在庫計画を見直す必要がある．このような供給側の都合は，一般的

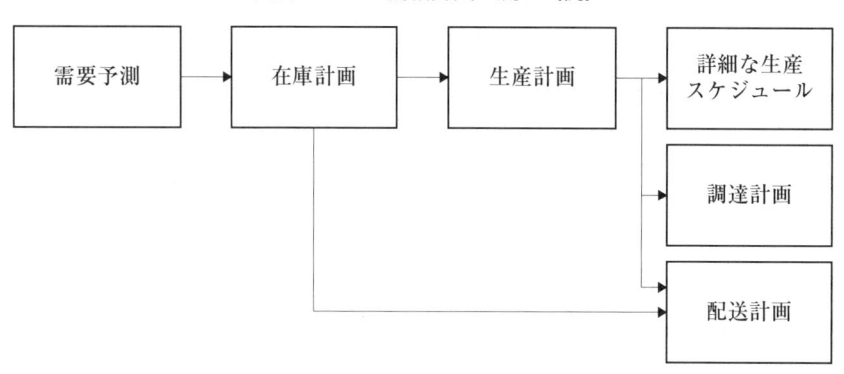

図表2－4　需給計画の流れ（例）

需要予測 → 在庫計画 → 生産計画 → 詳細な生産スケジュール

　　　　　　　　　　　　　　　　　→ 調達計画

　　　　　　　　　　　　　　　　　→ 配送計画

には制約条件とよばれている．

　さて，製品別の在庫計画が決まったら，つぎに製品別の生産計画が立案される．ここでは，既存品であれば，現在の在庫量をふまえたうえで，新たに生産が必要な量が決められる．そして，その計画をもとに，さらに詳細な生産スケジュールが立案される．これはどの工場の，どのラインで，何を，いつ，どれぐらいつくるのかを，時間単位で決めていくものである．そこでは，与えられた設備や労働力といった制約条件が厳密に考慮されたうえで，製品の供給責任を果たしながら，製造原価をできるだけ下げるような計画が立案される．そしてこのような生産計画は，さらに原材料・部品の調達計画や製品の配送計画を立案するうえでのベースとなる．

(3) 需給計画の問題点

　需給計画の出発点である需要予測では，本来的には，客観的な因果性や法則性に基づいて，「売れる数」を予測する必要がある．しかし実際には，販売部門の担当者の過去の経験や勘に基づいて予測が行われたり，担当者個人や組織としての意図が反映された「売りたい数」を見積もる場合が多い．このような予測は，少品種大量生産・大量消費の時代であれば，少しぐらい予測がはずれても問題にはならなかった．しかし現在のように，多品種少量生産・ものあまりの時代では，製品のバリエーションが多く，そのライフサイクルが短いほど，予測の精度が低いと，多くの品切れが発生したり，過剰在庫を抱えることになってしまう．このような事態を招く例として，たとえば，気候の変化に左右されやすい夏のエアコンやビール，年中行事ではバレンタイン・デーのチョコレートがある．さらには，シェア争いが激しく，機能で差異をアピールしにくいパソコンやデジタルカメラ，流行が過ぎると売れなくなるファッション衣料品でも，この傾向が強い．これが今日，需要予測の精度に対する問題が顕在化してきた背景である．

　このような問題に対して，たとえば需要予測の専任スタッフをおいたり，需

要予測のツールを導入し始めている企業もみられる．しかし現状では，まだその組織の機能やツールの活用は試行錯誤の段階であり，需要予測の精度問題が解決されていない企業が多い．では精度の低い需要予測に対して，生産・物流といった供給部門はどのような行動をとるだろうか．典型的にみられるのは，予測値をそのまま使うとは限らず，むしろ過去の経験から培った部門独自の方法で計画を立案するというパターンである．さらには販売部門の「売りたい数」に対する供給責任を果たす必要があるため，在庫を確保しておこうとする行動原理が働く．そのため計画は統合されず，かつ在庫が減らないという問題が生じるのである．さらに在庫過剰という問題をうけて，需要予測の精度問題を解決することなく，在庫を減らそうとすると，今度は売れ筋製品の欠品という問題が発生しかねない．

このような在庫過剰と欠品のトレード・オフを解決するには，先に述べたように，供給に要する期間を短縮するという手段もある．しかしその期間をゼロにすることは現実には不可能であるため，需要予測の精度問題も同時に解決しなければならないのである．

(4) 需要予測の課題

需要予測の精度問題を解決して，供給計画との統合を実現するには，そのマネジメントが課題となる．

第1の課題は，有効な組織的アプローチを採用することである．メンツァーとムーン（Mentzer, J. T. and M. A. Moon, 2005）によると，一般的にアプローチは4つに分けられる（図表2-5）．ひとつめは，各部門がそれぞれ予測する「独立型」である．2つめは，ある部門のみが担当する「集中型」である．3つめは，各部門がそれぞれ予測し，それをすり合わせる「交渉型」である．そして4つめは，予測を専門に行う，組織横断的なタスク・フォースが担当する「合意形成型」である．

彼らの調査によれば，「集中型」「交渉型」「合意形成型」が有効であり，と

第2章 サプライチェーン・マネジメント

図表2-5 需要予測の組織的アプローチ

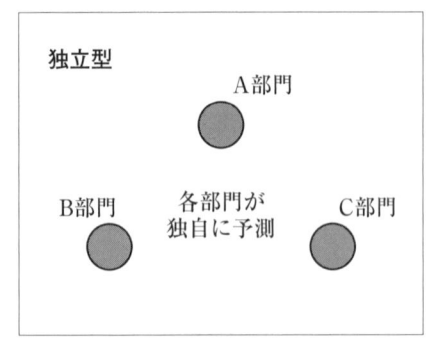

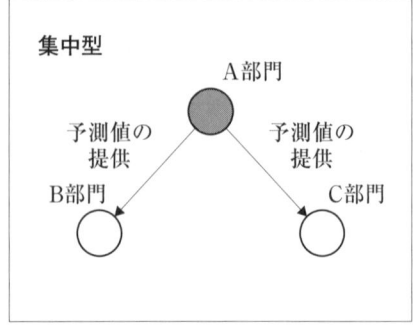

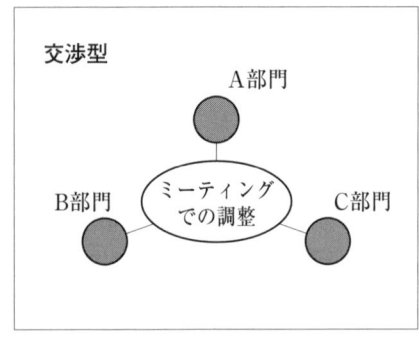

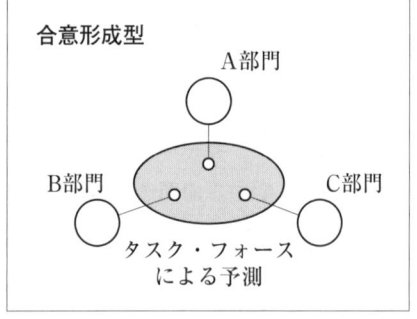

```
独立型                          集中型
   A部門                            A部門
                                予測値の    予測値の
                                 提供        提供
B部門  各部門が  C部門          B部門         C部門
       独自に予測

交渉型                          合意形成型
   A部門                            A部門
   ミーティング
B部門  での調整  C部門          B部門         C部門
                                   タスク・フォース
                                    による予測
```

出所）Mentzer and Moon（2005：234-235）をもとに筆者作成

くに「合意形成型」がうまくいくようである．ここで重要なことは，どのアプローチを採用するにしても，全体最適な視点で取り組む必要があるということである．たとえば「集中型」であれば，どのような部門が担当するとしても，個別部門の都合を優先させないようにする必要がある．また「交渉型」であれば，予測をすり合わせる際に，部門の代表者が部分最適な都合を優先させないようにする必要がある．「合意形成型」も同様に，タスク・フォースに任命された人が，出身部門の利益を優先させるのではなく，常に全社的な利益を考える必要がある．

　第2の課題は，「交渉型」であれば機能部門間，「集中型」「合意形成型」であれば，予測を担当する組織と機能部門との「やりとり」についてである．

「やりとり」と一言でいっても，たとえば販売データや在庫データのような電子データや，電子化しにくい，定性的なデータの共有，目標や問題の共有，命令や指示，さらには意見が食い違うときの対話など，さまざまな形態がある．このような「やりとり」について，どれが有効であるかは場合によるであろう．しかしその主体がどのような責任をになうかを明確にしておくことが，「やりとり」を有効にするための前提になると考えられる．機能部門はそれぞれ，売上高やコストといった目標を達成する責任を負っている．もし「合意形成型」のように，予測専門の組織を設置するのであれば，そこがどのような責任をになうのかを明確にする必要があろう．責任が明確ではない組織が算出した予測値は，あくまで参考程度としての位置づけしかえられない．予測部門も機能部門も，互いに明確な責任を負っているからこそ，そこで有効な「やりとり」が行われ，その結果が予測精度の問題解決や計画の統合へと結びついていくのである．

　第3の課題は，需要予測に対する経営トップの認識向上である．上記で説明した，どのような組織的アプローチを採用するのか，さらにはどのような責任を与えるのかといった課題は，そもそも利害が対立している当事者だけで決められるものではない．よって経営トップがリーダーシップを発揮して，関連部門のマネジャーやスタッフが，全体最適な視点で業務に取り組める環境づくりを行わなければならない．そこでは，目標設定，組織設置，役割分担，権限委譲，責任付与，マネジャー人事，評価制度，組織レイアウトなど，経営トップが担うべき役割は多い．このように需要予測への取り組みは，現場だけで進められるものではなく，経営トップが関与すべき問題であるということを認識する必要がある．

　以上のように需給計画の根本には，需要予測の精度問題があり，それを解決するためには，単にツールを導入するといった技術的な面だけではなく，マネジメント上の課題が存在しているのである．

3. SCMの実現形態

本節では，SCMの実現形態について，いくつかの事例をとりあげながら，将来を展望する．

(1) アキュレート・レスポンス

はじめに，フィッシャーとラーマン（Fisher, M. L. and A. Raman, 1999）が提唱している，アキュレート・レスポンスとよばれる手法をみてみよう．この手法は需要の不確実性が高い商品，たとえばファッション衣料品に適しているといわれている．ファッション衣料品では，デザインや色にその年の流行があり，翌年に同じものを売ることは難しい．またシーズンに対応しているため，そもそも2，3ヵ月間しか売れる期間がない．よって市場へ投入する前にたくさん生産して，商品を在庫しておくことは，きわめてリスクが大きい．しかし単に在庫を減らすだけでは，売れ筋商品の欠品が発生してしまう．そこでこの手法では，投入前の生産量をできるだけ抑え，投入後の実需をふまえて，需要予測に見直しをかけながら，必要な分だけ商品を補充することにより，過剰在庫と欠品の両方を解決するのである．

この手法のエッセンスは，実行（投入），検証（予測と実績の誤差の算出），修正（予測見直し），補充（生産・物流）のサイクルを，たとえば2週間といった短期間で繰り返すことにある（図表2-6）．そしてそれを実現するためには，実需をタイムリーに収集し，誤差の算出と予測の修正をすばやく行い，修正された予測を迅速にサプライヤと共有し，サプライヤが予測の修正に柔軟に対応でき，かつすばやい生産・物流によって商品を補充できる，といった条件が整わなければならない．よってアキュレート・レスポンスは，先に述べた，供給期間の短縮と需要予測精度の向上の両方に取り組むことによって，需要の不確実性に対応する実現形態のひとつととらえることができる．

図表２－６　ファッション衣料品の企画・開発から販売までのタイムスケジュール

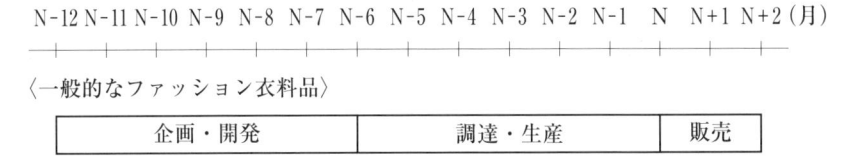

N-12 N-11 N-10 N-9 N-8 N-7 N-6 N-5 N-4 N-3 N-2 N-1 N　N+1 N+2（月）

〈一般的なファッション衣料品〉

| 企画・開発 | 調達・生産 | 販売 |

〈アキュレート・レスポンス〉

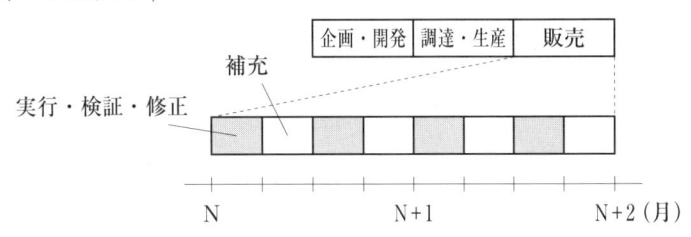

　　　　　　　　　　　　補充　　　企画・開発 調達・生産　販売

実行・検証・修正

　　　　　　　　　　　N　　　　　　N+1　　　　　　N+2（月）

(2) VMI/CRP

　SCM の手法の１つとして，VMI（Vendor Managed Inventory：供給業者主導在庫管理）や CRP（Continuous Replenishment Program：連続自動補充プログラム）がある．小売業と卸売業の関係をみると，通常，小売業の物流倉庫にある商品在庫は，小売業自身が管理している．VMI では，それをベンダー，すなわち卸売業が管理することになる．そこでは，過剰在庫や店頭欠品を発生させないように，どれぐらいの在庫水準を保てばよいのかを，卸売業が商品別に管理することになる．そして物流倉庫への商品の補充にあたっては，小売業から卸売業への発注行為は行われない．卸売業は，必要な補充量を自動的に計算して，自らの判断で，必要な分だけ補充していく．このようなサイクルを連続的に繰り返して行うのが，VMI/CRP である（図表２－７）．

　VMI/CRP の導入は，小売業にとってはメリットが大きい．物流倉庫での商品の検品作業や在庫管理，さらには発注作業を行う必要がなくなるため，省力化によってコストを削減することができる．一方で，実は卸売業にもメリットがある．卸売業は，物流倉庫の商品在庫を管理するために，小売店頭の POS データをタイムリーに入手することができる．よって卸売業は，この実需デー

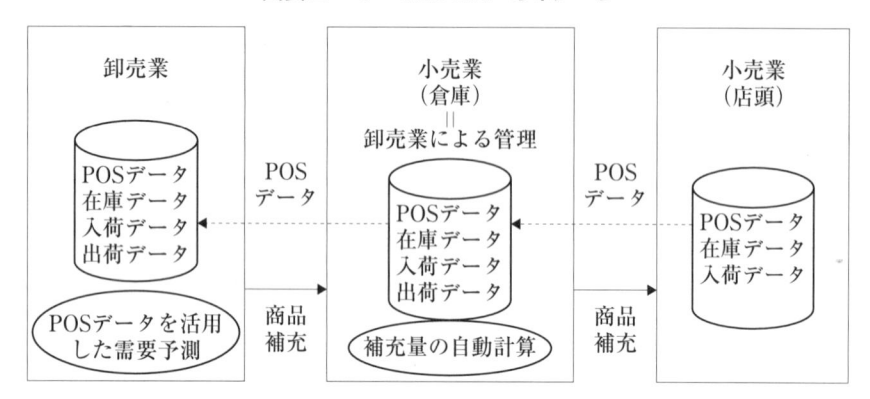

図表2−7 VMI/CRPのイメージ

タを，自らの仕入活動にいかすことができるのである．通常，卸売業は小売業からの発注データをもとに，需要予測を行い，メーカーからの商品の仕入量を決定する．しかしその発注データは，実需の挙動をそのまま表すものではない．なぜなら小売業は，売れそうだと思った商品は，在庫を確保しておくために，多めに発注をかけたり，期待通りに売れないと思った商品は，逆に急に発注量を減らそうとするなど，発注者の意図がデータに反映されるからである．このような「情報の劣化」は，さらに卸売業とメーカーの取引，メーカーとサプライヤの取引といったように，川上へ進むにつれて，より強くなる．これは「ブルウィップ効果」とよばれ，よく知られた現象である．これに対して，VMI/CRPを導入している卸売業では，実需データを使って，需要予測の精度を向上させることができる．もちろん，POSデータを入手できるようになったからといって，卸売業が需要予測の精度を必ず向上させることができるわけではない．前節で述べたように，その精度向上を実現するには，マネジメント上の課題に取り組む必要があるのはいうまでもないだろう．

(3) CPFR

1990年代末あたりから注目され始めた，CPFR（Collaborative Planning,

図表２－８　CPFRのイメージ

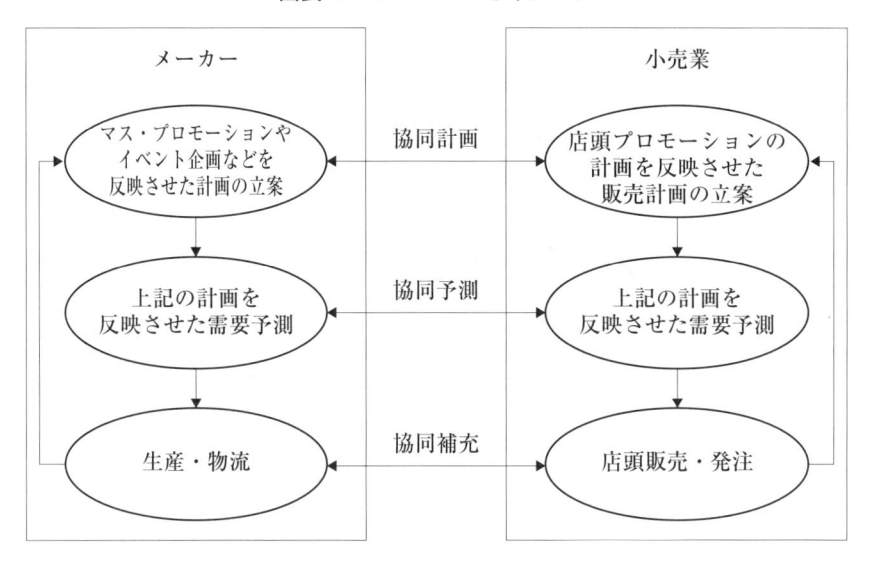

```
┌─ メーカー ──────────────┐         ┌─ 小売業 ────────────────┐
│  マス・プロモーションや    │ 協同計画  │  店頭プロモーションの     │
│  イベント企画などを      │◄────────│  計画を反映させた        │
│  反映させた計画の立案     │         │  販売計画の立案         │
│         │              │         │         │              │
│         ▼              │ 協同予測  │         ▼              │
│  上記の計画を           │◄────────│  上記の計画を           │
│  反映させた需要予測      │         │  反映させた需要予測      │
│         │              │         │         │              │
│         ▼              │ 協同補充  │         ▼              │
│  生産・物流             │◄────────│  店頭販売・発注         │
└────────────────────────┘         └────────────────────────┘
```

Forecasting & Replenishment：協同による計画・予測・補充活動）とよばれる手法がある（図表2－8）．ここでは，メーカーと小売業の関係をみてみる．

　メーカーが需要予測や供給計画を行ううえで，需要の不確実性を高める要素のひとつに，小売店頭でのプロモーション活動がある．小売業は，年間52週の毎週，何らかのプロモーションを実施している．たとえば食品スーパーであれば，チラシへの目玉商品の掲載，ボリューム・ディスカウント，ボリューム陳列，バンドル販売（組み合わせ販売）などは，われわれがよく目にするところである．このようなプロモーションの対象商品については，前項で説明した，VMI/CRPのしくみだけでは，ベンダーが効率的かつタイムリーに商品を補充することは難しい．なぜなら，実需のPOSデータは共有しているものの，それは過去のデータであり，未来の計画までは共有できていないからである．

　CPFRでは，メーカーと小売業が，互いに販売計画を立案し，そのすり合わせを行いながら，協同で需要を予測する．そこでは小売業は店頭プロモーションの計画を反映させた販売計画を提示する．またメーカーも，CMや新聞広告

といったマス媒体を使ったプロモーションやイベント企画などの計画を反映させた販売計画を提示する．そして両者の計画をすり合わせ，予測を共有した後は，それぞれ店頭販売および発注と生産および物流を行い，予測と実績の誤差をふまえて，また販売計画の見直しとすり合わせを行うというサイクルを繰り返すのである．

このような取り組みは，企業間関係のさらなる発展の可能性を秘めたものである．メーカーと小売業の取引では，通常はそれぞれの営業担当者とバイヤーの間で商談が行われる．しかしCPFRでは，たとえば両者の物流担当，プロモーション担当，さらには商品開発担当までが参加して，戦略提携型の協同的な取り組みに発展する可能性がある．もちろんそのような場合には，両者の経営トップをも巻き込んだかたちになるだろう．CPFRの事例は，実際にはまだ限られた企業でしか報告されていないが，今後の成果がおおいに期待されている．

(4) SCMの将来展望

これまでみてきたSCMの実現形態は，もはやモノのストックとフローを管理対象とする，第一世代のSCMを超えたものである．アキュレート・レスポンスは，実行・検証・修正・補充というビジネス・プロセスの短サイクル化が鍵になっている．またVMI/CRPでは，受発注という行為自体がなくなり，ビジネス・プロセスの見直しが行われている．さらにCPFRは，まさに戦略提携型の企業間ネットワークである．そしてその対象領域は，ロジスティクスからプロモーション，さらには商品開発へと広がっていく可能性を秘めている．このように先進的なSCMへの取り組みは，第二，第三世代へと発展しているのである．

SCMが変遷していく過程で，その目的も大きく変わっていくことが予想される．第一，第二世代のSCMでは，その対象領域はロジスティクスが中心になっている．そのため，そこでの目的は「需要充足」に力点がおかれており，

この世代の SCM は，経営の「守り」を固めるための概念や手法ととらえられてきた．しかし第三世代の SCM は，単に「需要充足」だけを目的としたものではない．むしろこの世代の SCM は，顧客ニーズの多様化に対応し，顧客満足度の向上を図るために，「需要創造」も視野に入れているといっても過言ではないだろう．すなわち SCM は，「攻め」の経営を実現する経営手法へと発展する可能性を秘めているのである．

このようにわれわれは，SCM という経営手法をあまり狭くとらえるのではなく，「利害が対立する組織間における協働的な創造活動」ととらえて，そのマネジメントのあり方を学んでいく必要があると考えられる．

演・習・問・題

問 1　興味のある商品をひとつとりあげて，原材料・部品の状態から完成品にいたるサプライチェーンがどのようになっているのかを調べてみよう．

問 2　需給計画の成功事例を調査して，そこから学べる有効なマネジメントのあり方を考察してみよう．

問 3　メーカーと小売業による CPFR の問題点や課題について考えてみよう．

参考文献

Bowersox, D. J., Closs, D. J. and M. B. Cooper (2002) *Supply Chain Logistics Management*, McGraw-Hill.（松浦春樹・島津誠ほか訳『サプライチェーン・ロジスティクス』朝倉書店，2004 年）

Fisher, M. L. and A. Raman (1999) "Managing Short-Lifecycle Products," *Achieving Supply Chain Excellence Through Technology*, Montgomery Research, Vol. 1, April, 15.（大石高至訳「ライフサイクルの短い製品を管理する」『SCM Research Review』Spring, 2000 年，pp. 25-34）

Gattorna, J. (ed.) (1998) *Strategic Supply Chain Alignment : Best Practice in Supply Chain Management*, Gower Publishing Company.（前田健蔵・田村誠一訳『サプライチェーン戦略』東洋経済新報社，1999 年）

Mentzer, J. T. and M. A. Moon (2005) *Sales Forecasting Management*, 2nd ed., SAGE Publications.

秋川卓也 (2004)『サプライチェーン・マネジメントに関する実証研究』プレアデス出版
阿保栄司 (1998)『サプライチェーンの時代』同友館
岡本博公 (1995)『現代企業の生・販統合』新評論
黒田充編 (2004)『サプライチェーン・マネジメント』朝倉書店
藤野直明 (1999)『サプライチェーン経営入門』日本経済新聞社
山下洋史・諸上茂登・村田潔編 (2003)『グローバルSCM』有斐閣

《 推薦図書 》

1. 秋川卓也 (2004)『サプライチェーン・マネジメントに関する実証研究』プレアデス出版
   日本企業におけるSCMの実態と有効性を実証的に研究している．
2. 阿保栄司 (1998)『サプライチェーンの時代』同友館
   わが国におけるSCM研究初期の先駆的書物である．
3. バワーソクス，D. J., クロス，D. J., クーパー，M. B.（松浦春樹・島津誠ほか訳『サプライチェーン・ロジスティクス』朝倉書店, 2004年）
   ロジスティクス研究のメッカであるミシガン州立大学による最新の教科書の翻訳である．
4. 藤野直明 (1999)『サプライチェーン経営入門』日本経済新聞社
   SCMの概念や戦略をわかりやすく解説した入門書である．
5. 山下洋史・諸上茂登・村田潔編 (2003)『グローバルSCM』有斐閣
   グローバルなSCMについて，さまざまな視点から調査・研究している．

第3章の要約

　企業のマーケティング情報システムは，伝統的な取引マーケティングのもとで発展してきた．そこでは，POS データに代表される取引データを，品揃え活動や販売促進・価格政策に活用してきた．

　その後，マーケティング・パラダイムの転換によって，リレーションシップ・マーケティングの概念が登場してきた．この概念では，企業が顧客の抱える問題を解決することを通じて，双方が長期・継続的に便益を共有することをねらいとしている．この概念を実現する経営手法が CRM である．

　CRM は，顧客のインタフェース戦略と顧客ナレッジ分析戦略の 2 つに分けられる．前者では，先端的な情報技術を用いて，顧客の声が収集され，電子化される．これらのデータは，一元的に管理され，企業内で共有される．また後者では，収集・蓄積されたデータが分析され，マーケティングの意思決定に活用される．このような CRM のマネジメント・プロセスによって効果を生み出すには，組織革新をともなう必要がある．

　さらにインターネットの普及・発展によって，顧客とのインタフェースは多様化してきており，とくにコミュニティ・サイトの出現が注目されている．そこでは顧客同士のインタラクションを通じて，顧客は自ら問題を解決できるようになってきており，また製品開発プロセスへも主体的に参加し始めている．企業はこのような顧客との新たな関係構築のあり方を模索している．

第3章　CRMとマーケティング情報システム

1. 取引データを活用したマーケティング

(1) 消費者との取引データの電子化

　企業と消費者との関係について,ここでは小売業とわれわれ消費者との取引をみてみよう.たとえば,消費者が近くのコンビニエンス・ストアで,気に入った商品を購入したとする.その際,商品と引き換えに,消費者はレジでお金を支払う.その時点で,「いつ」「どこで」「どの商品が」「何個」売れたのか,という取引データが電子化される.これは,POS(Point Of Sales:販売時点管理)レジとよばれる端末機器とストア・コントローラとよばれるコンピュータおよびそれらをつなぐネットワークによって構成されるPOSシステムの機能である(図表3-1).

　小売業がマーケティング活動に取引データを活用できるようになったのは,このPOSシステムが普及したことによる影響が大きい.わが国では,1989年の消費税の導入時に,レジ処理の効率化を目的として,小売店での導入が進んで以来,POSシステムが広く普及するようになった.財団法人流通システム開発センターの調査によれば,現在では30万店以上の店舗で導入されている.またその導入率はコンビニエンス・ストアやスーパーでは95%以上ときわめ

図表3-1　消費者との取引データの電子化

て高く，百貨店，ドラッグ・ストア，ホームセンターなど，さまざまな小売業態でも広く利用されている．また最近では，ファミリーレストランやファーストフード，カフェのチェーン店といった飲食店など，小売店以外でも導入が進んでいる．

このようにPOSシステムは，企業にとっては，今では消費者との取引において欠かせない存在になっており，その取引データを電子化する環境は十分に整っていることがわかる．

(2) POSデータを活用したマーケティング

POSシステムを使って収集した消費者との取引データは，POSデータとよばれている．ここでは，取引データを活用したマーケティングについて，POSデータを中心にみてみよう．

POSデータは，それだけでは単に数値の羅列に過ぎない．消費者との取引の事実が記録されているだけである．しかしこれを分析することによって，消費者の購買行動にみられる現象を把握することができる．あるコンビニエンス・ストアの例をみてみよう．たとえば「冷やし中華」は夏によく売れる商品である．暑くて食欲がない時期の昼食にはもってこいである．しかし春や秋でも，よく売れる日があることがわかった．ただしあまり売れない日もあった．売れる日と売れない日の差が大きいと，品切れが発生したり，商品があまったりする．そこでPOSデータを分析した結果，前の日よりも暖かくなった日によく売れることがわかった．その結果，翌日の気温を調べて，暖かくなりそうであれば，発注量を増やす，というアクションをとるようになったのである．

このような分析は，まず日別のPOSデータを比較しながら，売れる日と売れない日があるという，データの関係づけを行ったものであり，これは「データ」から「情報」をつくり出したものととらえることができる．また分析をさらに進めて，気温の変化によって売れゆきが違うようだ，という一般性や普遍性を導き出しており，これは「情報」から「知識」をつくり出したものととら

えられる．このようにしてつくり出された「知識」は，気温が前日よりも高くなる日は，通常よりもたくさん売れるはずだ，という「仮説」として，発注行為を通じて，具体的に実行される．そしてこの「仮説」は，実際の販売活動を通じて収集されたPOSデータによって検証されるのである（図表3－2）．このようなPOSデータの活用は，商品の品揃え活動に関するものであり，ほかにも，売れ筋商品の陳列を拡充したり，売れない商品をカットするなどの意思決定を行ううえで，大いに役立っている．

　上記でみたような，POSデータを分析して，情報や知識を創造し，そこから仮説を立案して，それを検証するというプロセスは，商品の品揃え活動以外でも，さまざまなマーケティング活動で行われている．マーケティングの4P（Product：製品政策，Promotion：販売促進政策，Price：価格政策，Place：流通政策）でいえば，販売促進と価格の政策がそれにあたる．食品スーパーの例で考えてみよう．

　新聞の折込チラシをみると，週末の目玉商品が大きく掲載されている．この目玉商品は，バイヤーが，過去のPOSデータを分析して，「いつ」「どの商品を」「いくらで」チラシに打ち出せば，どれぐらい売れるのかという仮説を立

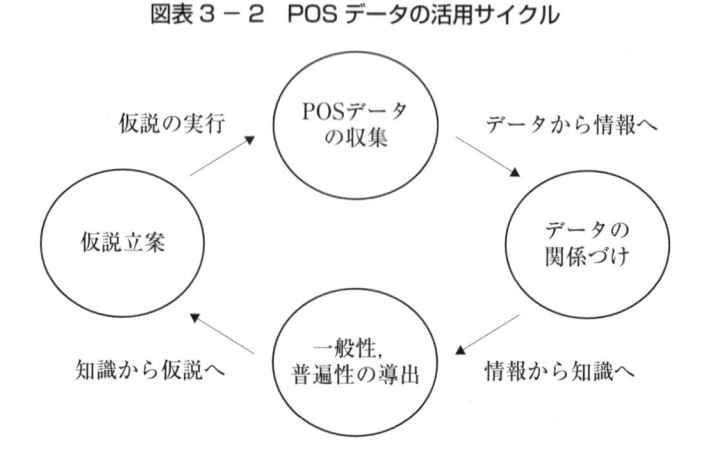

図表3－2　POSデータの活用サイクル

てて決められたものである．そこでは，たとえば商品の種類別の集客効果や値下げ率と売上数量の関係といった情報，さらにはこの時期にはこの商品の打ち出しが最も集客効果があるといった知識の蓄積がベースになっている．

以上のように，ここでは小売業を中心にみてきたが，POSデータは，商品の品揃えや販売促進・価格政策といったマーケティング活動において，もはや必要不可欠なものになっていることがわかる．

(3) マーケティング・パラダイムの転換

さて現在では，多くの企業がPOSデータのような取引データだけでなく，顧客データをマーケティング活動で活用するようになっている．このような現象は，単に情報技術が発展し，電子化されたデータの種類が増えたことによって，効果的なマーケティングを実現できるようになったととらえるだけでは不十分である．その背景には，マーケティング・パラダイムの転換とよばれる大きな変化がある（図表3－3）．

まず伝統的なマーケティングの特性をみてみよう．そこでは，顧客は企業が与える刺激に反応する受動的な主体であるとみなされている．また顧客を一様にとらえて，多くの顧客は共通の要望をもっているという前提で，自社と顧客全体という1対Nの関係でとらえている．そして需要は潜在的に存在しており，企業主導でつくった製品やサービスを，一方向的に企業から顧客へ提供するというプロダクト・アウトとよばれるプッシュ型のアプローチをとる．これはその時々の商品とお金の交換というきわめて短期的な視点でのやりとりに着目し

図表3－3 刺激・反応パラダイムと関係性パラダイム

	刺激・反応パラダイム	関係性パラダイム
顧客に対する認識	受動的な主体	能動的な主体
需要に対する認識	潜在的に存在している	企業と顧客の関係の中で生み出される
マーケティングのアプローチ	プロダクト・アウト（プッシュ型）	マーケット・イン（プル型）

たものである．このようなマーケティングの考え方は，「刺激・反応パラダイム」とよばれている．

しかしこのような，企業経営の視点のみからなされるマーケティングは，1990年代あたりから，もはや時代遅れになっている．なぜなら市場環境が大きく変化しているからである．大量生産・大量消費の時代から，多品種少量生産の時代へと移り変わり，顧客ニーズは多様化し，その変化のスピードはますます速くなっている．このような時代では，伝統的マーケティングは企業に競争優位性をもたらす手段とはならない．そこで登場したのが，次節で説明するリレーションシップ・マーケティングである．

リレーションシップ・マーケティングは，「関係性パラダイム」という考え方に基づいている．そこでは，顧客は企業における製品開発などの業務プロセスに積極的に関与する能動的な主体であるとみなされている．また顧客を属性や取引実績に応じて識別し，自社と顧客を1対1の関係でとらえている．そして需要はもともと潜在的に存在しているのではなく，企業と顧客の双方向的な関係の中で生み出していくというマーケット・インとよばれるプル型のアプローチをとる．これは企業と顧客が協調的な関係を構築するという長期的な視点でのやりとりに着目したものである．

本節で説明した，取引データを活用したマーケティングは，伝統的なマーケティングにおいて有効な方法論であるとともに，リレーションシップ・マーケティングにおいても，その基盤となる方法論となっている．この点をふまえたうえで，次節では，このようなマーケティング・パラダイムの転換という大きな変化の中で，企業は情報技術を活用して，どのようなマーケティング活動を行うことができるようになったのかをみていく．

2. 顧客データを活用したマーケティング

(1) リレーションシップ・マーケティングの意義

リレーションシップ・マーケティングの源流となる，企業と顧客の関係に関

する研究は，1980年前後から始まったといわれている．よって実際の企業における活動は，それ以前からみられていたはずである．当時はまだ，情報技術を駆使して，顧客データを活用するといったやり方ではなかったかもしれない．しかしその意義は，当時も現在も変わらない．ここでは，家電の小売店と地域の消費者の例で考えてみよう．

　お年寄りにとって，自宅の近くにある家電小売店は，とても頼りになる存在である．たとえばテレビやビデオデッキの取りつけが難しい場合でも対応してもらえる．調子がおかしくなっても，すぐに駆けつけてくれて，修理をしたり，メーカーとのやりとりもかわりにやってくれる．ついでに，取扱説明書を読んでもよくわからない操作を教えてもらったり，日頃から気になる現象を聞いてもらうこともできる．このようなやりとりを長く，継続的に続けることによって，小売店と消費者の間に信頼関係が構築されるようになる．そしてそのような関係を構築するプロセスにおいて，消費者のさまざまな需要を発見したり，新たな需要を喚起することができる．たとえば，電球や電池といった消耗品切れのニーズに対応できる．また家電製品の故障や寿命による買い替えニーズにも応えることができる．さらには，新製品について，カタログや実物を持参して，そのお年寄りの生活がどれだけ便利になるのか，といった説明をする機会を，気軽にもつことができる．

　このような関係を構築するうえで重要なことは，ひとつは，顧客の抱える問題を解決するという立場をとることである．しかし顧客の抱える問題を把握するには，購入時点だけをみていては不十分である．もうひとつの重要なことは，顧客による商品の使用状況や満足度などを調査しながら，そこでの問題を把握することである．そしてこのような関係を構築することによって，企業と顧客の双方が，長期・継続的に便益を共有することができる．すなわち，企業が顧客の抱える問題を解決することを通じて，顧客は生活がより豊かになり，また企業はそれに応じた収益をえるという関係を築くことができる．

　前節で説明した伝統的マーケティングでは，1回ごとの取引で，商品を売る

ことに焦点をおいている．しかし商品を購入した顧客は，実はその商品に満足していないかもしれない．また，「二度と買わない」と思っているかもしれない．関係性を重視するマーケティングでは，顧客が抱える問題こそが重要であり，そこに企業と顧客の接点があると考えている．そして繰り返しになるが，長期・継続的な便益を互いに共有することが最も重要である．このような視点は伝統的マーケティングにはなかったものであり，これがリレーションシップ・マーケティングの意義である．

(2) CRMとは

　情報技術を活用して，リレーションシップ・マーケティングの概念を実現する経営手法がCRM（Customer Relationship Management：顧客関係性管理）である．顔を覚えられる程度の人数の顧客に対して関係性を重視したマーケティング活動を行うのであれば，わざわざ情報技術を持ち出す必要もないだろう．しかし企業によっては，数万人や数十万人，さらには数百万人やそれ以上といった顧客がいる企業もある．1990年代後半あたりから，情報技術を活用して，大規模な顧客データを収集・蓄積・加工・分析することが可能になってきた．カタログによる通信販売を事例にみてみよう（図表3-4）．

　女性に人気のカタログ通販の企業は，いくつかの種類のカタログをもっている．顧客に対して，すべてのカタログを送ることはコストの無駄だし，顧客にとっても迷惑なことである．顧客にどのカタログを送るかは，マーケティング上の重要な意思決定のひとつである．

　ある顧客が，カジュアル衣料の商品を何度も購入してくれていたとしよう．その顧客は何に満足してくれているのだろうか．デザインや色，サイズと着心地などの微妙なバランス，そして価格など，いくつかの点が考えられる．顧客と直接会って話しをする機会はないが，「継続購入」という取引の実績は，「顧客満足」というメッセージを伝えているのかもしれない．

　そこでつぎに，その顧客に雑貨や食品のカタログを送ってみた．これは，

図表３－４　カタログ通販のCRM

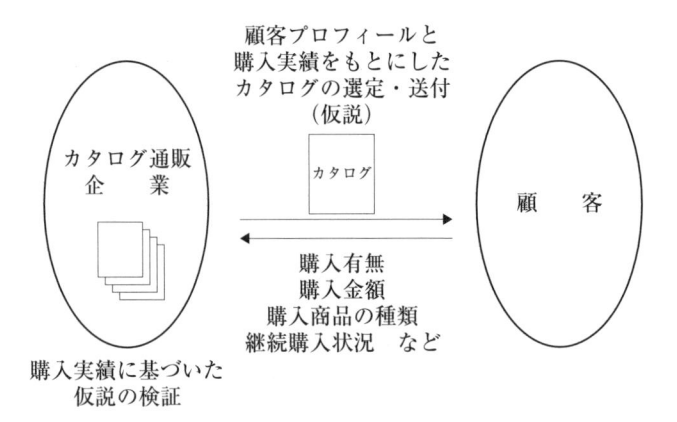

顧客プロフィールと購入実績をもとにしたカタログの選定・送付（仮説）

カタログ通販企業　←　カタログ　→　顧客

購入有無
購入金額
購入商品の種類
継続購入状況　など

購入実績に基づいた仮説の検証

「この顧客は，カジュアル衣料の商品に満足している．またそれらの商品の購入を通して，わが社があつかう商品の品質や配送などのサービスも信頼してくれている．よって別の商品群についても興味をもってもらえるはずである」という仮説に基づいている．この仮説は，カタログ送付後の顧客の購入実績をもとに検証することができる．

　その後，顧客からベビー用品のカタログの請求があったとしよう．あるいは，カタログを送っていないのに，顧客が友達のカタログを借りて，ベビー用品を注文することもあるかもしれない．これは，顧客に子供が生まれた（あるいは生まれる）ことを示すメッセージかもしれない．早速，カタログを送ったところ，その後，何度もベビー用品の注文があったとする．この場合，子供の成長に合わせて，送るカタログを追加したり，ベビー用品の注文がなくなれば，カタログ送付をやめてもよいだろう．このようなメッセージは，結婚や出産・育児といった人生のステージや趣味・娯楽など，さまざまな面でみられる．

　顧客の数が多い場合，すべての顧客と直接話しをすることは難しい．しかしCRMでは，顧客一人ひとりのニーズを読みとろうと努め，そのニーズに応えられる商品やサービスを提供することを通じて，長期的な視点で，顧客の生活をより豊かにしようとすることが重要である．逆にいえば，顧客はみな同じ需

要をもっていると想定して、たとえば同じ性別・年代なら、同じ商品を購入するはずだと決めつけるのは適当ではない。顧客のプロフィールだけでなく、顧客との取引実績や生の顧客の声もふまえたうえで、仮説と検証を繰り返しながら、一人ひとりの顧客を知ろうとすることが重要である。

　人と人との関係がデリケートなものであることを、われわれは経験的に知っている。CRMも同じである。情報技術を駆使するからといって、相手の感情を無視した、紋切り型の対応をするのは適切ではないし、逆に顧客からの不信をかうだろう。すべての顧客とじかに話をすることができないからこそ、より熱心に顧客を知ろうとする態度が、CRMの行為者に求められるのである。

（3）顧客のインタフェース戦略

　南知惠子（2005）によれば、CRMは顧客のインタフェース戦略と顧客ナレッジ分析戦略の2段階に分けることができる。本項と次項では、この2つの段階にそって、CRMのマネジメント・プロセスをみていこう（図表3－5）。

　顧客のインタフェース戦略では、顧客の声がさまざまな接点を通じて収集され、電子化される。たとえば、インターネットのWebや電子メールを通じて、商品に対する苦情や新たな商品の要望などが送られてくることがある。また

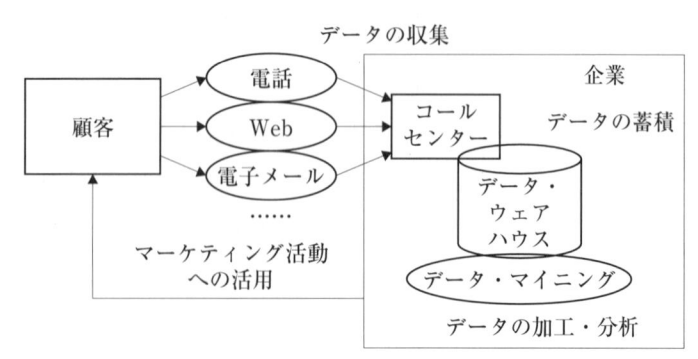

図表3－5　CRMのマネジメント・プロセス

CTI（Computer Telephony Integration）とよばれる，コンピュータと電話を統合した技術も利用される．これは電話をかけてきた顧客のデータを，オペレーターが既存のデータベースから検索して，ディスプレイに表示し，顧客のプロフィールや過去の購入履歴を見ながら，顧客と対話し，その内容を記録するしくみである．

　一般的には，これらの顧客の声は，コールセンター，あるいは顧客との接点という意味で，コンタクトセンターとよばれる組織に集約される．この組織は，従来，お客さま相談室とよばれていた部門を，情報技術を活用して，顧客の声を集約する部門として発展的に位置づけられたものといえる．そして，さまざまな接点から収集したデータは，データ・ウェアハウスとよばれる大規模なデータベースに一元的に格納され，企業内で共有される．このデータ・ウェアハウスには，顧客の声のデータ以外にも，顧客のプロフィール，購入履歴，さらには売上管理，商品管理，生産管理などに用いられるデータが一元的に管理される．つまりいわば，「データの倉庫」としての役割を担っている．

(4) 顧客ナレッジ分析戦略

　つぎに顧客ナレッジ分析戦略では，収集・蓄積されたデータを分析して，マーケティングの意思決定に活用できる知識へと変換される．そのデータ分析に用いられるのが，データ・マイニングとよばれる手法である．

　データ・マイニングでは，統計的な手法を用いて，大容量のデータから，それまでは検知されていなかったデータ同士の関連性を探ることができる．たとえば，顧客のプロフィールと購入履歴を使って，顧客をいくつかのグループに分類するとともに，その後の購入状況に応じて，その分類を時系列的に見直すことができる．これは，先ほどのカタログ通信販売の例でみたように，顧客に適合したプロモーションを選択する場合に使うことができる．また複数の商品を購入している顧客のデータを用いて，ある商品の購入者が，どの商品を一緒に購入する確率が高いかを把握することができる．われわれがインターネット

上の書店で書籍を検索していると，別の書籍もいっしょに表示されるのをみかける．これはこの分析手法を用いたものである．

　また企業にとって大切な顧客を探し出すこともできる．もちろんその定義は，企業にとってさまざまであろう．購入金額が高い顧客の場合もあれば，購入頻度が高い顧客やシーズンの初めに必ず購入してくれる顧客こそが大切であるという考え方もある．いずれにしても，なんらかの基準で大切な顧客を定義して，具体的に特別な対応をとるべき顧客を抽出することができる．さらには，最近購入がない顧客を対象に，最後にどんな商品を購入したのかを分析することもできる．仮にその結果，ある商品に集中しているようであれば，さらに顧客の声のデータも分析することによって，より確からしい原因を追究できるかもしれない．

　顧客の声は，もちろんすべての顧客から収集したものではないため，厳密な定量分析を目的とした使い方はできない．しかしそこから，おおまかな傾向を把握することができるし，たとえ1件のデータであっても，重みのあるデータを発見できるかもしれない．そこでは，テキスト・マイニングとよばれる，文章データをキーワードに分解して，それらを抽出し，ランキングをとったり，キーワード間の関係づけを行う手法が用いられる．その結果，最後に購入した商品への苦情が多く見つかれば，それを放置するよりも有効な意思決定をすばやく行うことができる．

　これらのマイニング技術を使って発見した知識の有効性は，それを何らかのマーケティング活動に活用した後に収集されるデータによって検証されなければならない．なぜなら，その知識は顔の見えない顧客の選好や行動パターンを，データをとおして把握しようと努めた結果得られた仮説でしかないからである．そしてその仮説を検証することによって，どれぐらい役に立つ知識であるのかを確かめることができるのである．このようにCRMとは，顧客のインタフェース戦略と顧客ナレッジ分析戦略に基づいて，顧客データの収集・蓄積・加工・分析およびそこから得られる知識のマーケティング活動への活用を，継

続的に繰り返すマネジメント・プロセスなのである．

(5) 営業活動におけるデータ活用

　ここまでは，企業とわれわれ消費者との関係を中心にみてきた．しかしリレーションシップ・マーケティングの流れの中で，企業において，取引先との接点となる営業活動においてもデータ活用が進み始めている．1990年代後半あたりから導入が開始された，SFA（Sales Force Automation：営業支援システム）とよばれる概念の登場である．

　たとえば，食品メーカーの営業担当者を例にみてみよう（図表3－6）．営業担当者は，顧客である取引先小売業のバイヤー（仕入担当者）と商談を行い，新製品を紹介したり，プロモーションの提案を行う．訪問前には，顧客や業界の動向をチェックしたり，見積書の作成を行う．また訪問後は，商談状況をもとに報告書を作成する．SFAは，このような営業担当者の一連の活動を，情報技術を使って支援する．すなわち，社内のパソコンや外出先から携帯端末を通じて，社内のサーバにアクセスすれば，必要なデータを入手したり，商談の

図表3－6　SFAのイメージ

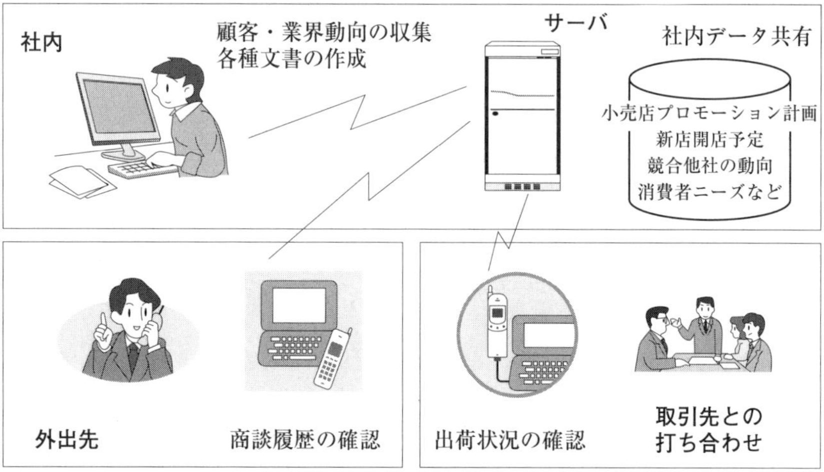

履歴を確認したり,文書を作成することができる.さらに,社内で共有されている物流部門のデータを閲覧することによって,外出先から製品の出荷状況を確認することもできる.また顧客から入手した,小売店でのプロモーション計画や新店の開店予定,競合他社の動向,消費者のニーズなども,社内で共有することができる.

このような営業活動におけるデータ活用は,営業担当者の生産性向上に結びつくだけでなく,営業部門内,さらには製品開発,生産,物流といった他部門の活動にも貢献することが期待されている.またSFAは,CRMにおける顧客インタフェースのひとつとしても位置づけられており,それらを連動することによって,顧客ナレッジの分析に活かすことができる.

(6) 導入効果を生み出す組織

CRMやSFAは,単に情報技術を導入するだけでは期待した効果を得られない.導入効果を生み出すためには,組織を変えることが求められる.

CRMでは,誰が顧客ナレッジの分析を行うのかという問題がある.データ・マイニングのツールは,かなり使いやすいものが揃ってきたとはいえ,あまり情報技術の操作が得意でない人や,きちんとした統計解析の知識をもっていない人には,使いこなすのは難しい.その場合,専門的な担当者がマイニングを行うことになる.しかし一方で,その専門担当者は,マーケティングの実務にはあまり詳しくない場合が多い.このように分析する人と実行する人が違うと,たとえばどのような組織をつくり,誰にどのような権限や責任を与えていくのか,いかにしてコミュニケーションをとっていくのかといった点について,従来の組織を見直す必要がある.

またSFAについては,営業担当者が入手したデータを電子化していくうえで問題が指摘されている.営業担当者が取引先から入手した,小売店や競合他社,消費者に関するデータは,担当者自身も明確に認識できていない,暗黙的なものが多い.それを社内で共有できるような形式的なかたちにするには,そ

れなりの労力が必要となる．そのような作業は，日々の営業活動にプラスして行わなければならないが，じっくりと取り組んでいる時間もない．まして自分が入手した貴重なデータを，みんなで共有することについて，何らかの評価をしてくれなければ，割に合わないと感じることも不思議ではないだろう．よって，営業担当者をどのような制度で評価し，またどのようなインセンティブを与えていくのかといった点を，新たに検討する必要がある．

このような組織改革をともなった情報技術の導入は，短期的には劇的な効果を得られないかもしれない．しかし長期的な視点で取り組むことによって，競合他社がまねのできないような，独自のマーケティング情報システムを構築でき，それが組織の能力となって企業の競争力に結びつくと考えられる．

3. 顧客との新たな関係

インターネットの普及・発展にともない，企業は顧客との新たな関係を模索している．本節では，インターネット上に形成されるコミュニティ・サイトの事例をとりあげて，とくに製品開発の面から，将来を展望する．

(1) 顧客インタフェースとしてのコミュニティ・サイト

前節において，CRMでは顧客との接点が広がっていることを説明した．すなわち顧客とのインタフェースの多様化である．その現象のひとつが，顧客インタフェースとしてのコミュニティ・サイトの出現である．

コミュニティ・サイトは，日本ではパソコン通信のフォーラムのような形態で，かなり以前から存在している．コミュニティ・サイトでは，たとえばある商品の顧客が，その利用状況や満足度について，顧客同士の自由なコミュニケーションを行う．そこでは，顧客がありのままの姿で発言することを促すために，匿名性が確保され，また中立的な組織がサイトを運営する場合が多い．このようにして形成されたコミュニティ・サイトは，その商品の売れ行きに影響を及ぼすようになる．なぜなら，実際に利用した顧客をとおして，商品の良

い点や悪い点が語られ,それを多くの潜在的顧客が,すばやく,そして気軽にみることができるからである.國領二郎(1999)は,このような現象を「顧客間インタラクション」とよんでいる.その形態のひとつである「クチコミ」についてみてみよう.

代表的なクチコミ・サイトとしてとりあげられることが多いのが,アイスタイルが運営している「@cosme」である(図表3-7).「@cosme」は化粧品の情報サイトであり,たとえば話題や人気の商品のクチコミをランキング形式でみられる「クチコミランキング」,サイトの会員間で情報を交換できる「みんなの広場」といったメニューがある.

会員である顧客は,このサイトに参加することによって,美容に関する問題を解決することができる.前節では,リレーションシップ・マーケティングにおいて,企業が顧客の問題を解決するという立場をとることの重要性を説明した.具体的には,顧客の要望や不満を製品開発へ活かしていくというスタンスである.しかし顧客は,クチコミ・サイトにおける顧客間インタラクションを通じて,多くの問題を自ら解決できるようになってきているのである.顧客は

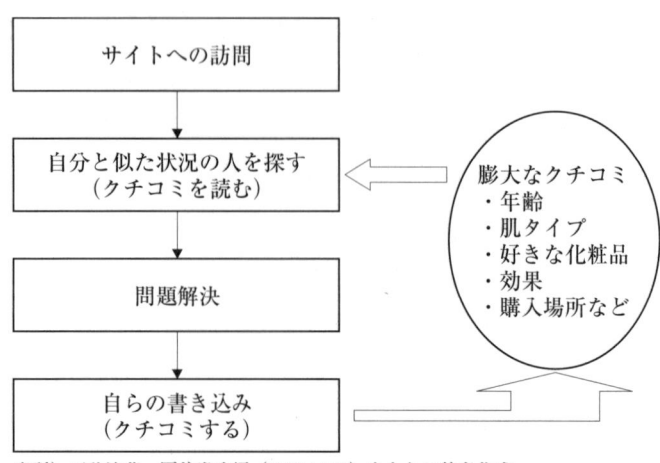

図表3-7 「@cosme」における会員の行動

```
サイトへの訪問
      ↓
自分と似た状況の人を探す   ←───   膨大なクチコミ
  (クチコミを読む)              ・年齢
      ↓                         ・肌タイプ
   問題解決                     ・好きな化粧品
      ↓                         ・効果
自らの書き込み          ───→   ・購入場所など
  (クチコミする)
```

出所)石井淳蔵・厚美尚武編(2002:197)をもとに筆者作成

自分が使っている商品に不満があり，サイト上で他のメーカーの商品が推奨されていれば，それに乗り換えることも容易であろう．

「@cosme」のように，多くの会員を要するクチコミ・サイトは，企業にとって，きわめて貴重な顧客の声が集約されていることは間違いない．しかしクチコミ・サイトを通じて，質・量ともに充実した情報を入手できるようになった「知りすぎた顧客」とどのような関係を構築していくべきなのかについては，今後も企業の試行錯誤が続くと予想される．

(2) 顧客参加型の製品開発コミュニティ・サイト

顧客間インタラクションの別の形態であり，企業のマーケティング活動に，より直接的に影響を及ぼすのが「顧客参加型の製品開発」である．ここではその代表的な事例であり，エレファントデザインが運営する「空想生活」についてみてみよう．

「空想生活」は，家電を中心に，ユーザが「ほしい」と思う製品を開発する一連のプロセスを，システムとして提供するサイトである．そのおおまかなプロセスは，① ユーザがほしいと思う商品のアイディアを掲示板に書き込む，② 運営企業が商品化するアイテムの候補を決定し，最小必要ロット数や販売価格を検討する，③ 商品のコンセプトやデザインが公表され，ユーザによる，「ほしい」かどうかの投票が行われる，④ 同時に，その商品のコンセプトや仕様について，自由な意見を書き込んでもらう，⑤ 投票数が最小必要ロット数に対して，ある程度の規模になったら，運営企業がメーカーとやりとりして，製造委託先を決定する，⑥ 最終的な販売価格や仕様が決定され，購入を希望する正式な予約を受け付ける，⑦ メーカーに発注され，生産・配送される，といった流れである（図表3-8）．このプロセスの中で，ユーザは最初に「ほしい」商品のアイディアを出すだけではなく，コンセプトや仕様についても具体的な意見を出していく．よってユーザは企業の製品開発プロセスに主体的に参加していることがわかる．

図表３−８　「空想生活」の製品開発プロセス

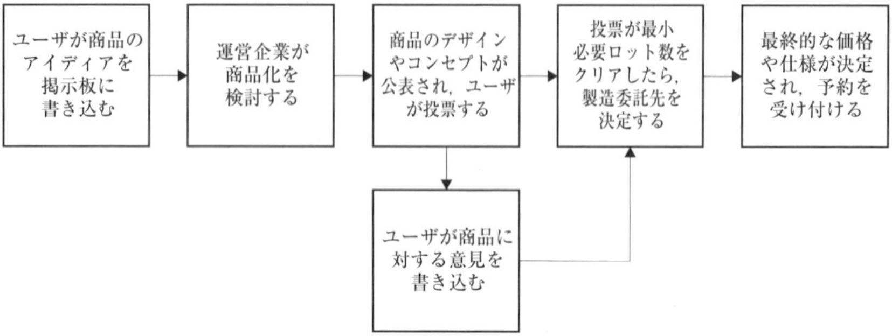

ユーザが商品のアイディアを掲示板に書き込む → 運営企業が商品化を検討する → 商品のデザインやコンセプトが公表され，ユーザが投票する → 投票が最小必要ロット数をクリアしたら，製造委託先を決定する → 最終的な価格や仕様が決定され，予約を受け付ける

ユーザが商品に対する意見を書き込む

出所）石井淳蔵・厚美尚武編（2002：274-277），小川進（2002：21）をもとに筆者作成

　このように，ユーザが価値の生産活動に参加するという形態が現実になってきた状況において，企業は顧客とどのような関係を構築し，また製品開発活動を進めていくべきなのか．コミュニティ・サイトでは，たとえば参加者の要望が際限なく発生したり，ニーズ主導のため，後に行われるメーカーとのやりとりの中で，いろいろな制約が出てくるといった問題が報告されている．またそもそもこのようなビジネス・モデルが利益を生み出すものなのか，といった経営面でのハードルも存在するだろう．しかしリレーションシップ・マーケティングの概念にしたがえば，顧客参加型の製品開発は，顧客の抱える問題を解決し，顧客と長期・継続的な関係を構築する，願ってもない機会でもある．このような顧客との新たな関係は，もちろん一朝一夕にできあがるものではない．伝統的なマーケティングのもとで慣れ親しんだ，社内の製品開発プロセスを見直す必要もあるだろう．今後企業は，コミュニティ・サイトと真剣に向き合い，長期的な視点で，実験的な取り組みや試行錯誤を繰り返し，ノウハウを蓄積しながら，その有効性を見極め，かつ積極的に取り込んでいく必要があろう．

演・習・問・題

問1 POSデータの活用について，本章で紹介した事例以外に，どのようなものがあるかを調べてみよう．

問2 カタログ通販以外のCRMの事例を調査して，顧客のインタフェース戦略と顧客ナレッジ分析戦略がどのように行われているかを考察してみよう．

問3 顧客参加型の製品開発コミュニティ・サイトの事例を調査して，そのマネジメントの課題を考えてみよう．

参考文献

石井淳蔵・厚美尚武編（2002）『インターネット社会のマーケティング』有斐閣

小川進（2002）「流通システムの新しい担い手――ユーザー起動型ビジネスモデル」『組織科学』Vol. 35, No. 4

岸川典昭・中村雅章編（2004）『現代経営とネットワーク』同文舘

國領二郎（1999）『オープン・アーキテクチャ戦略』ダイヤモンド社

小林哲・南知惠子編（2004）『流通・営業戦略』有斐閣

陶山計介・宮崎昭・藤本寿良編（2002）『マーケティング・ネットワーク論』有斐閣

古林宏（2003）『CRMの実際』日本経済新聞社

南知惠子（2005）『リレーションシップ・マーケティング』千倉書房

和田充夫（1998）『関係性マーケティングの構図』有斐閣

流通システム開発センターのホームページ
　http://www.dsri.jp/（2005年7月31日現在）

《推薦図書》

1. 石井淳蔵・厚美尚武編（2002）『インターネット社会のマーケティング』有斐閣
　　コミュニティ・サイトを中心に，理論・実践両面からわかりやすく論じている．

2. 小林哲・南知惠子編（2004）『流通・営業戦略』有斐閣
　　IT革命も視野に入れて，新しい流通・営業のあり方を探れる，理論的な教科書である．

3. 古林宏（2003）『CRM の実際』日本経済新聞社
　　CRM に関する実践的な入門書である．
4. 南知惠子（2005）『リレーションシップ・マーケティング』千倉書房
　　リレーションシップ・マーケティングと CRM の発展を理論的に学ぶことができる．
5. 和田充夫（1998）『関係性マーケティングの構図』有斐閣
　　マーケティングの新しい方向性を探った代表的書物である．

第4章の要約

　企業間のECとよばれる情報ネットワークは，EDIが技術的な基盤となっている．そのEDIは，日本では1970年代後半頃から導入され始め，普及・拡大してきた．しかし，通信回線に専用線やVANを使った，従来型のEDIは必ずしも期待された成果をあげることができず，業界横断的な標準化を実現するには至らなかった．

　その後，1990年代後半になって，インターネットを使用した，オープンなEDIが登場した．これは，技術のオープン化と経営のオープン化のトレンドを背景としたものである．これらの流れをうけて，企業間の取引ネットワークは，技術的な基盤であるEDIをベースに，さらにECへと発展してきている．

　企業間ECは，大きく2つのタイプ，戦略提携型と電子市場型に分けることができる．戦略提携型ECは，特定少数の相手との取引を中心としたものである．そこでは，単に業務の自動化によるコスト削減を目的としているだけでなく，効率的な需要充足や新たな需要創造を実現することを目的としている．一方，電子市場型ECでは，不特定多数の相手との取引も含まれる．その活性化を担う存在として期待されているのが，プラットフォーム・ビジネスとよばれる取引仲介企業である．

　今後は，企業がこの2つのタイプのECを相互補完的に活用することによって，新たな企業間関係を形成し，競争優位に結びつけていくことが期待されている．

第4章 企業間情報ネットワーク

1. EDIとは

(1) EDIの背景

　企業は，自社に必要なものを調達したり，また自社でつくったものを販売するために，日常的に商取引（商業上の売買行為）を行っている．その中で，企業同士の商取引においては，多くの文書が互いにやりとりされる．たとえばA社（買い手）がB社（売り手）の製品を購入する場合，A社からの依頼を受けて，B社が見積書を発行し，それを受けてA社がB社に注文書を発行，さらにB社がA社に納品書と請求書を発行する，といったように，さまざまな種類の文書を作成して，それを相手に送ったり，逆に相手から受けとったりしている．

　このような文書のやりとりは，限られた取引先との間で，少数の取引が行われる場合には，とくに問題を感じないかもしれない．しかしその取引量が増えたり，さらには取引先が広がると，きわめて煩雑な作業になることはいうまでもない．そこでこれらの処理を正確に行うとともに，迅速化，省力化を図るために，ある一定のルールに基づいて，それらの文書を作成するという「標準化」への取り組みがみられるようになる．たとえば日本の流通業界では，1970年代に，百貨店やチェーンストア，問屋において，統一的な伝票（金銭や物の出入りなどを記載した用紙）の形式が決められている．また同じ時期に，共通の取引先コード，商品コードも決められている．このような伝票やコードの「標準化」をふまえて，それを情報ネットワーク上で実現するしくみがEDIである．

(2) EDIの定義

　EDI（Electronic Data Interchange：電子データ交換）とは，異なる企業同士が，あらかじめ「標準化」された規約にしたがって，通信回線を介して，オンライ

ンで商取引に関するデータを交換すること,およびそのためのシステムである.いいかえれば,コンピュータが処理可能な標準的なフォーマットやコードによって,商取引に関するデータをやりとりする仕組みととらえることができる.

　EDIの主たる構成要素は,①標準化された規約,②コミュニケーション媒体,③EDIソフトウェアの3つである(図表4－1).まず標準化された規約には,主に情報伝達と情報表現の2つがある.情報伝達の規約とは,通信プロトコルのことであり,コンピュータ同士がデータ通信する際の決め事を意味する.また情報表現の規約とは,文書のフォーマットやコードに関する標準的な規約のことである.つぎにコミュニケーション媒体とは,コンピュータなどの情報処理装置と通信回線のことである.情報処理装置としては,パソコンからメインフレームまでさまざまなコンピュータが該当する.また通信回線としては,専用線,後述するVAN(Value Added Network:付加価値通信網),インターネットなどが該当する.そしてEDIソフトウェアには,データを送受信するコミュニケーション・ソフト,注文の入力や決済などの処理に利用するアプリケーション・ソフト,送信するデータを標準的なフォーマットに変換するトランスレーション・ソフトなどがある.

　各企業は,トランスレーション・ソフトによる交換システムを使えば,自社内の業務システムを使って作成した文書を,標準的なフォーマットに変換することができる.この変換システムは,各企業が個別に構築するよりも,日常的に取引している業界に所属する企業が協力して構築した方が,その投資規模が少なくなり,すべての企業にとってメリットが生じる.このようにEDIとは,異なる企業同士が協力して,標準的な仕組みを構築する活動ととらえることもできる.

(3) EDIの普及

　EDIを利用することによって,企業は紙ベースの取引データを再入力する必要がなくなるため,その処理スピードの向上,省力化,そして入力ミスの防止

図表4－1　EDIの構成要素

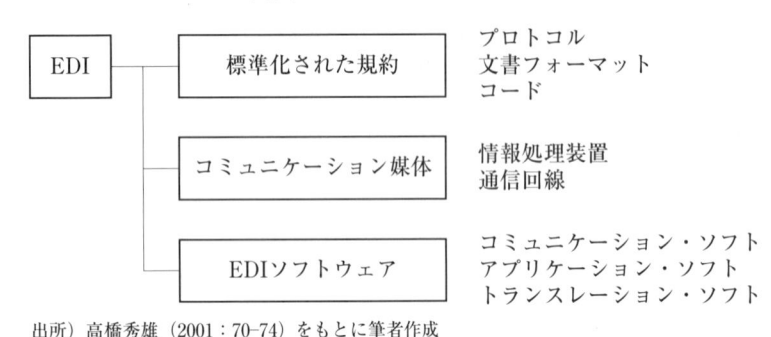

```
EDI ─┬─ 標準化された規約         プロトコル
     │                          文書フォーマット
     │                          コード
     │
     ├─ コミュニケーション媒体    情報処理装置
     │                          通信回線
     │
     └─ EDIソフトウェア          コミュニケーション・ソフト
                                アプリケーション・ソフト
                                トランスレーション・ソフト
```

出所）高橋秀雄（2001：70-74）をもとに筆者作成

が可能になり，コストの削減が期待できる．そのため今日では，EDIはさまざまな業務，業界へと広がっている．

　日本において，当初EDIの導入が進んだのは，流通業界の受発注業務である．受発注は，機械的な正確性と記録性が要求されるため，企業内でもコンピュータの導入が進んでいた業務のひとつである．そのため流通業界では，1970年代後半から，受発注業務における企業間情報ネットワーク，すなわちEOS（Electronic Ordering System：オンライン受発注システム）が導入され始めた．そしてその後も，1980年代頃から，量販店，スーパーマーケット，コンビニエンス・ストアなどのチェーンストアと卸売業，さらには加工食品，酒類，菓子，日用品，医薬品，家電，玩具，文具などの業界単位で，製造業と卸売業との間のEDIが普及し始めた．そしてその対象業務は，受発注だけでなく，請求・支払，出荷・納品などへと拡大していった．

　このようなEDIの普及を後押ししたのが，1985年の電気通信事業法の施行による「通信の自由化」にともなう，数多くの第二種電気通信事業者（第一種電気通信事業者から電気通信回線設備の提供を受けてサービスを提供することができる電気通信事業者），とくにVAN事業者の誕生である．VANとは，共同利用型の情報ネットワークであり，複数の企業が共同で利用することによって，コストを軽減することができる（図表4－2）．流通業界において，このよ

図表4－2　業界VANのイメージ

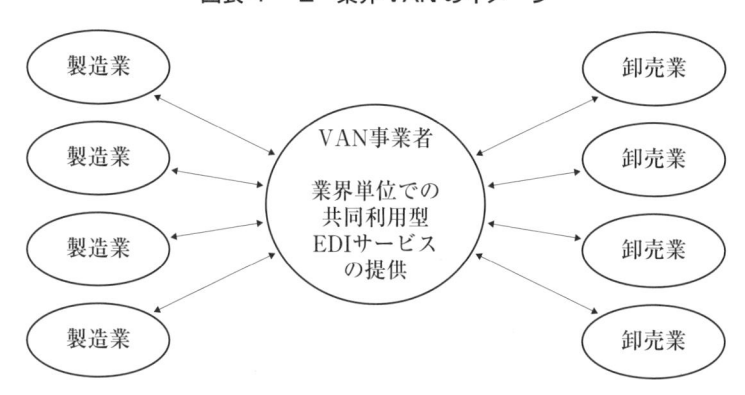

製造業 → VAN事業者（業界単位での共同利用型EDIサービスの提供）← 卸売業

うな役割を果たしたのが，地域の中小小売業と卸売業の間のEDIサービスを行う地域流通VANと，業界単位で製造業と卸売業の間のEDIサービスを行う業界VANなどのVAN事業者である．このようなEDIサービスは，大企業と中小企業との情報化格差を解消することをねらったものであり，中小企業へのEDIの導入を促進するものであった．

さらに消費財以外の業界でも，たとえば電子部品，電線，電力，鉄鋼，建設などの業界においても，1980年代末から，EDIの導入が開始されている．

このように日本では，EDIは受発注から決済，物流へ，消費財から非消費財へ，大企業から中小企業へと，対象業務や導入業界，導入企業が拡大してきたことがわかる．

(4) EDIの活用課題

EDIの普及については上記でみてきたとおりであるが，企業が実際に経営成果に結びつけるうえでは，いくつかの課題が指摘されている（図表4－3）．

第1に，EDIの採用を単なる技術的な情報システムの導入ととらえるのではなく，それを通じた業務改革の機会ととらえるべきであるということである．EDIを活用するには，これまでの社内の帳票（帳簿，伝票など）の流れやコードのつけ方などの変更が必然的に生じる．それを単に取引データをコンピュー

図表4-3 EDIの活用課題

	間違ったアプローチ	良いアプローチ
スタンス	技術的情報システムの導入	経営システムの構築
ねらい	フロントエンドの自動化	フロントエンドとバックヤードの連動
推進部門	情報システム部門主導	情報システム部門＋利用部門

タ間で交換するための問題として対処するのではなく，その機会に自社の業務の流れやマネジメントの方法を見直すところまでを視野に入れる必要がある．これはすなわち，技術的な情報システムだけでなく，非技術的な情報システムを含めた，経営システムを構築するというスタンスで取り組む必要があるということを意味している．

　第2に，このような業務改革を通じて，EDIを既存の経営システムとうまく連動させる必要がある．EDIを採用する以前から，企業では社内の受注管理，在庫管理，経理などの業務では，すでに情報システムを導入している場合が多い．EDIを活用するには，企業間情報ネットワークのインタフェースとなる「フロントエンド」の部分をいかに自動化するか，ということだけでなく，「フロントエンド」と既存の経営システムという「バックヤード」の部分をいかに連動させるかが重要になる．また，たとえば生産計画や会計処理などの業務で，EDIのデータを二次的に利用することの有効性も指摘されている．よって業務改革やシステム設計にあたっては，既存システムとの連動や間接的な効果にまで踏み込んだ取り組みが必要になる．

　第3に，このような業務改革を，組織としていかに実現するかが課題になる．EDIの活用を，「フロントエンド」の自動化ではなく，全社的な業務改革と位置づけると，目標や行動原理の異なるさまざまな部門が，その取り組みと関係をもつことになる．これはもはや，情報システム部門が単独で進めるべきものではない．その取り組みを進めていくうえでは，情報システム部門と利用部門が一体となり，さまざまな角度からの意見を集約したうえで，合意をとりながら，具体的な改革案を検討していく必要がある．

このように EDI の活用は，技術的な対応だけでなく，それをどのように定着させていくかという組織的な課題が多いといえる．

(5) EDI の問題点

EDI については，普及上の問題点もいくつか指摘されてきた．ここでは，次節で説明するオープン化の流れをうけた EDI を含めず，通信回線に専用線や VAN を使った，従来型の EDI の問題点について述べる．

1つめの問題点は，従来型の EDI は通信コストが高く，とくに中小企業がそのネットワークに十分に参加できなかったことである．専用線の通信コストの高さは以前から指摘されていたことではあるが，それを軽減するために登場した VAN でさえ，中小企業にとっては，やはり通信コストがかさむものであった．よって，VAN に対応できる「体力のある」中小企業のみが参加するという状態，すなわち企業間情報ネットワークの拡大が制約された状態で EDI が普及していった．このため EDI 参加企業は，それを採用できない企業との間では，以前として電話や FAX でやりとりしなければならないという状態を残すことになった．その結果，当初の目的であった受注処理の迅速化，省力化でさえ，必ずしも十分な成果をあげているとはいえない．

2つめの問題点は，特定の業界内，場合によっては特定の企業間でしかやりとりできない，閉鎖的な（クローズドな）ネットワークになったことである．これは先述のように，ネットワークの拡大が制約された状態で EDI が普及したこともあり，EDI 標準化の作業を各企業が独自に進めたことによるものである．その後，業界ごとの標準化が活発に進められてきたものの，従来型の EDI では業界横断的な標準化には至らなかった．

3つめの問題点は，さまざまな業界に特有の商慣行が EDI 普及の阻害要因となったことである．一般的に，各業界にはリベート，返品，建値，後値決め，端数値引き，口頭注文といった，複雑で不透明な商慣行が，依然として存在している．これらは情報システムにはなじみにくいものが多く，EDI の採用を契

機に，見直しを図ることが必要になるが，従来型のEDIにおいては，それがなかなか実現しなかった．

これらの問題点を克服するうえで鍵となるのが「オープン化」というトレンドである．

2. オープン・ネットワークの登場

(1) オープンEDIの登場

1990年代後半以降，EDIは，インターネットを使用したネットワークが主流になっていった．インターネットEDIでは，TCP/IPとよばれる共通の通信プロトコルを採用しているため，世界中の誰とでもやりとりすることができるようになった．また高速・安価な公衆回線を使ってデータを送受信することができるようになり，専用線やVANを利用する場合と比較して，通信コストが格段に安くなった．さらにブラウザとよばれる，WWW（World Wide Web）のページを閲覧するアプリケーション・ソフトを使って，EDIの情報システムを安価に構築することができるようになった．よってこのようなオープンなEDIは，従来型EDIの問題点を克服し，企業規模や業界にとらわれない企業間情報ネットワークの構築を実現するインフラとなった．

また従来型EDIでは，やりとりされるデータは文字や数値といったテキスト・データが中心であったが，オープンEDIではさらに静止画，動画なども交換することができる．このような機能の拡大は，たとえば商談をネットワーク上で行うなど，「フロントエンド」の部分についても，単なる受発注の自動化にとどまらない，新たな業務機能の創出が期待されている．

このようにオープンEDIの登場は，技術的な視点からみれば，技術のオープン化，すなわちEDIの構成要素（標準化された規約，コミュニケーション媒体，EDIソフトウェア）のそれぞれのオープン化による，ネットワークのすそ野や機能の拡大，さらには新たなネットワーク結合の実現ととらえることができる．

(2) 経営のオープン化とは

　技術のオープン化は，経営のオープン化を促進するイネーブラーとなる．

　経営のオープン化とは，一般的には，製品や組織の構造を開放的（オープン）にすることによって，他社の経営資源との組み合わせを容易にすることといわれている．本章でとりあげている，企業間の取引についていえば，標準的な取引の方法を採用することによって，どんな企業とでもやりとりができるようにするということである．このようなオープン化の概念が登場する以前は，日本の，とくに大企業は，垂直的な支配と従属の関係を築いてきた（図表4-4）．そして，自社が強力にコントロールすることを可能にする，系列型の下請け，販売チャネルといった閉鎖的（クローズド）なネットワークを構築することによって，競争優位を実現してきた．しかし次項で述べる，供給連鎖（サプライチェーン）のグローバル化のような環境変化のもとでは，このような閉鎖的なネットワークは急速に競争力を失いつつある．なぜなら，このような構造は，ネットワークの拡大を自ら制約してしまうからである．新たな経営トレンドの下では，閉鎖的なネットワークをこえた取引，すなわちオープン・ネットワークによる取引が求められている．

　一般的に，オープン・ネットワークでは，インタフェースの標準化によって，他社と容易に結びつくことができるようにするとともに，逆に自社を選んでもらえるような，独自性の高い優位性をもつことが必要になる．これは，コア・コンピタンス（中核能力）とよばれているものである．よって企業は，コア・コンピタンスを見きわめ，そこに経営資源を集中的に投入する必要がある．また他社との間では，相互補完的なネットワークを構築して，協同・連携する必

図表4-4　クローズド・ネットワークとオープン・ネットワーク

	クローズド・ネットワーク	オープン・ネットワーク
組織構造	垂直的	水平的
企業間関係	支配と従属	対等，相互補完
マネジメント課題	強力なコントロール	コア・コンピタンスへの資源投入

要がある．そしてそのネットワークの形態を，経営環境の変化に応じて，柔軟に変化させていく必要がある．企業間の取引でいえば，従来の長期・継続的な取引にとらわれることなく，自社にない独自性をもつ取引先とのネットワークを新たに創造することによって，ネットワークとしての競争力を向上させることが求められる．

(3) 経営オープン化の要因

　経営オープン化のトレンドについては，いくつかの要因が指摘されている．中でも，企業間の取引に関連するのが，サプライチェーンのグローバル化である．

　サプライチェーンとは，原材料・部品のサプライヤ，製造業，流通業などを，情報ネットワークを活用して，鎖のように結びつけることによって，最終消費者への効率的・効果的な商品の供給を実現することである．現在では，そのサプライチェーンがグローバル化しており，世界中から，最適な立地・企業を選んで，ネットワーク化することが現実となっている．たとえば，日本で企画し，ニューヨークでデザインした服を，イタリアから生地を調達して，中国で縫製し，日本で販売するといったことが実際に行われている（図表4－5）．このような現象は，過去にみられたような，単に人件費の安価な場所へ生産拠点を移すというものではない．その目的は，世界中からコスト・パフォーマンスの高い原材料・部品を調達して，それをタイムリーに市場へ投入することによって，自社，さらにはサプライチェーンの競争力を高めることにある．つまりこれは，最終消費者へ商品を供給するビジネス・プロセスを，その上流から下流にわたってトータルに見直すことを意味しており，企業を超えたビジネス・プロセス・イノベーションと位置づけることができる．

　このようなサプライチェーンのグローバル化を実現するには，従来のような閉鎖的なネットワークによる取引では困難である．企業は取引のインタフェースを標準化することによって，オープンな取引ネットワークを構築する必要が

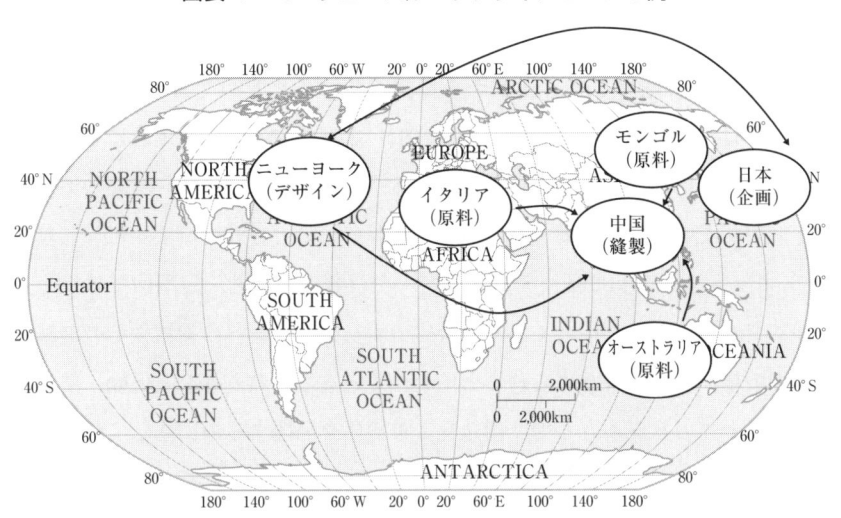

図表4−5　グローバル・サプライチェーンの例

（ニューヨーク（デザイン）、イタリア（原料）、モンゴル（原料）、中国（縫製）、オーストラリア（原料）、日本（企画））

ある．すなわち，自社の取引ネットワークを再編・創造することが求められる．

(4) EDI から EC へ

　以上のような技術と経営のオープン化の流れをうけて，企業間の取引ネットワークは，技術的な基盤である EDI をベースに，さらに EC（Electronic Commerce：電子商取引）へと発展してきている．EC は，企業と消費者の間の取引，さらには消費者間の取引をも含む概念であるが，ここでは企業間の取引に限定して検討する．

　前節でとりあげた EDI は，主に企業間の定常的な（事前に特定されている相手との）取引を対象としたものといえる．すなわち，互いに相手をよく知っている関係のもとで，ある一定の期間続けてきた取引を電子化したものが中心となる．しかし EC は，このような定常的な取引だけでなく，非定常的，例外的な（事前に特定されていない相手との）取引も包含したものである．よってEC では，新しい取引ネットワークの創造による，新たな機能の創出も期待される．すなわち EDI ではみられなかったような，新しい社会的機能をネット

ワーク上で実現することが求められているのである.

このような期待は,実は「ハイアラキー」に対して,「ネットワーク」という構造がもつ特徴として,従来から指摘されてきたものである.「ハイアラキー」では,そのメンバーや役割が固定的,定型的であり,基本的には垂直的な支配と従属の関係にあるといわれている.このような関係は,環境の不確実性が低い状況のもとでの効率性の追求に適しているとされている.これに対して,「ネットワーク」では,そのメンバーや役割は固定的,定型的ではなく,水平的で対等な関係が中心であり,特定のネットワークへの参加やその継続には自由裁量や自律性が求められるといわれている.このような関係は,環境の不確実性が高い状況のもとで,創造性や革新性を発揮するのに適しているとされている.すなわち,「ネットワーク」は,現在のように,顧客ニーズが多様化し,需要の変動が激しい経営環境に適合した組織構造であるといわれている.

よってECは,「ネットワーク」という構造がもつ本来の機能を,技術と経営のオープン化の流れをうけて,現実の世界で実現した形態のひとつとみなすことができるだろう.次節では,企業間ECのいくつかのタイプを具体的にあげてみる.

3. 企業間情報ネットワークの発展

本節では,國領二郎(1995)の類型にしたがって,企業間ECの2つのタイプ,戦略提携型と電子市場型について考察するとともに,今後の企業間情報ネットワークを展望する.

(1) 戦略提携型EC

戦略提携型ECは,パートナーシップを結んだ少数の企業によって構成される.そこでは,事前に特定された相手との関係が中心となる.その意味では,従来型EDIと違わないと思われるかもしれない.戦略提携型ECと従来型EDIとの違いは,ひとつはインターネットのようなオープンな技術を利用すること

にある．しかしその違いは，単に技術的な側面にはとどまらない．従来型 EDI では，受発注，決済，物流といった業務の自動化によるコストの削減を目的としていた．これに対して，戦略提携型 EC では，より広範囲な情報を共有することによって，企業間での緊密な調整を図り，効率的な需要充足や新たな需要創造を実現することを目的としている．

戦略提携型 EC の原型としてとりあげられることが多いのが QR（Quick Response）と ECR（Efficient Consumer Response）である（図表4－6）．前者はアパレル業界，後者は食品・日用品業界を対象としているが，両者のめざすべき方向は同じである．QR/ECR では，小売業が発注データだけでなく，自社の POS（Point Of Sales：販売時点管理）データや在庫データなどを，EDI のしくみを使って，取引先である卸売業や製造業にリアルタイムで提供する．これにより，需要変動に対応して，過剰在庫や欠品をなくしたり，タイムリーな商品投入をめざすのが QR/ECR の目的である．卸売業や製造業は，それらのデータを自社の生産計画や物流計画に反映させて，期中での生産調整を図ったり，小売業への商品のすばやい補充を行うことが可能になる．

このように QR/ECR の概念は，小売業が卸売業や製造業と協同的な関係を構築し，一体となって，消費者ニーズの変化にすばやく対応するものである．すなわち，流通の各段階での部分的な最適化ではなく，サプライチェーン全体

図表4－6　QR/ECR の概要

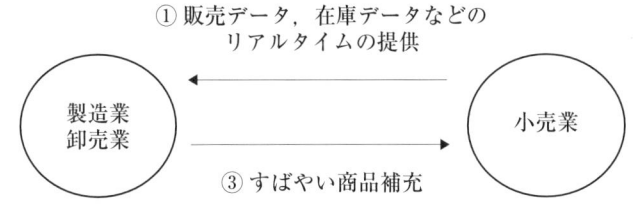

① 販売データ，在庫データなどの
　　リアルタイムの提供

製造業
卸売業　　　　←　　　　小売業
　　　　　　　→
　　　　③ すばやい商品補充

② 生産計画，物流計画
　　へのデータ活用
　　期中での生産調整

の最適化をめざすものである．これらの概念は，戦略提携型 EC の実現形態の例であるとともに，企業間にわたるサプライチェーン・マネジメントの実現へと発展するものである．

(2) 電子市場型 EC

戦略提携型 EC が特定少数の企業との取引を対象としているのに対して，電子市場型 EC は不特定多数の企業との取引を対象としたものである．ネットワーク上の市場に多くの企業が参加し，売り手企業と買い手企業が取引を行う．このような場は，インターネット取引所あるいは e マーケットプレイス（以下，eMP と略す）とよばれている．

eMP は，従来型 EDI や戦略提携型 EC といった，継続的に行われている特定企業との取引だけでは十分に対応できない問題を解決することを期待されている．ひとつは，どの取引先から購入しても，機能や品質がかわらない，汎用品の調達コスト削減である．たとえば製造業では，さまざまな原材料・部品を調達している．その中には，自社に合わせて特別につくってもらう特注品もあれば，一方では自社にかぎらず汎用的に使用されているものもある．後者については，できるだけ安価に調達したいと考えるのが一般的な企業方針であろう．そこで eMP に参加して，汎用品の調達が可能な複数の売り手企業を比較し，より安価に購入できる企業から調達するといった意思決定を行うことが期待される．これは逆に，売り手企業からみても，価格競争力があれば，ネットワークへの参加によって取引先を拡大するチャンスにもなる．

もうひとつは，経営環境の不確実性への対応である．たとえば，製品の需要が急に増えたり，逆に減ったりして，その原材料・部品が足りなくなる，あるいは余るということはよくあることである．このような需要の不確実性に対して，eMP を使って，買い手企業が足りなくなった原材料・部品を調達したり，逆に売り手企業が余った原材料・部品を販売することが可能となる．これは従来であれば，買い手企業が追加の原材料・部品を手配できず，製品を生産でき

ないため、販売機会を逃していたものである．また売り手企業であれば、余った原材料・部品を、大幅に価格を下げて販売したり、あるいは廃棄などで処分していたものである．eMP は、不特定多数の企業が参加できるネットワークであり、従来はつながりのなかった企業を結びつけることによって、需要と供給のマッチングを図ることが期待される．

このような eMP の創設は、とくにアメリカにおいて進んでいるが、日本でも、たとえば自動車部品、電子部品、鉄鋼、繊維、建築資材、電力、流通などの業界でみられる．eMP は、技術と経営のオープン化の流れの中で、新たに誕生した商取引の形態として、注目される存在になっている．

(3) 電子市場型 EC の問題点

しかし eMP については、つぎのような問題点が指摘されている（図表4-7）．第1に、取引される商品が、たとえば事務用品のような消耗品や設備の修理・保全用の道具など、MRO（Maintenance, Repair and Operations）とよばれるものが多いという点である．これらは、たとえば製造業が製品をつくるうえで直接的に使用する財ではなく、間接業務で必要とする財である．すなわち、eMP で取り扱われる商材は、まだ期待されたほど広がっていないといえる．

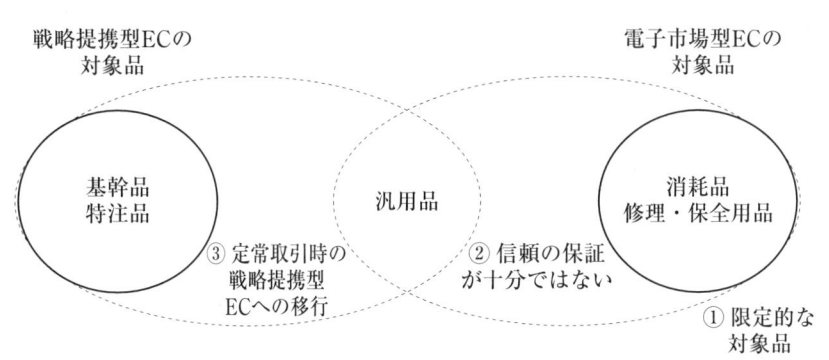

図表4-7　電子市場型ECの問題点

戦略提携型ECの対象品　　　　　　　　　電子市場型ECの対象品

基幹品
特注品

汎用品

消耗品
修理・保全用品

③ 定常取引時の戦略提携型ECへの移行

② 信頼の保証が十分ではない

① 限定的な対象品

第2に，第1の問題点とも関係するが，直接的に使用する原材料・部品の汎用品は，依然として長期・継続的な取引が行われているという点である．汎用品といえども，それらは企業が基幹的な業務で使用するものである．よって，あらかじめ決められた機能，品質，納期などの条件を守って，きちんと納品してもらえることが前提となる．しかしこのような取引を，顔の見えない相手とのオープンな取引に全面的に移行するとは考えにくいといわれている．なぜなら，安定的な供給を受けられるかどうかについての「信頼」の保証が十分には確保できないためである．つまり，基幹業務にかかわる取引は，取引条件に対する「信頼」が前提になるため，それが保証されない場合は積極的には利用されないことになる．

　第3に，仮にeMPで有効な取引相手がみつかった場合，eMPで取引を継続する必要はなく，その後の取引は従来型で行えばよいのではないかという指摘である．たとえば，eMPは売り手企業と買い手企業のマッチングの場であり，その後は戦略提携型ECで，緊密にコミュニケーションをとりながら取引を継続するという方法がある．これは後に説明する，両タイプの相互補完的な形態であり，今後の新しい企業間関係を表すものと考えられる．

(4) プラットフォーム・ビジネス

　eMPの活性化を担う存在として期待されているのが，國領（1995）がプラットフォーム・ビジネスとよぶ取引仲介企業である．プラットフォーム・ビジネスとは，eMPにおいて，利用企業による取引相手の探索，価格交渉，商品情報や取引相手の信用情報の提供などを行い，取引成立にむけたさまざまなサポートを行う企業である．また場合によっては，物流や決済などの機能ももち，商取引を統合的にサポートする．

　このような企業はすでに存在しており，代表的な事例としてとりあげられることが多いのは，部品商社のミスミである．ミスミは金型などの部品の通信販売を行っており，従来は特注品が中心であった取引市場に，標準品を中心とし

たオープンな市場取引を導入した先駆的な企業である．ミスミは，買い手企業（製品メーカー，パーツ・メーカー，金型専門メーカー，FA機器専門メーカーなど）が必要とする部品の売り手企業（生産委託先協力メーカー）を，顧客にかわって探索し，「購買代理店」として，取引をサポートしている（図表4－8）．

このようなプラットフォーム・ビジネスの存在は，先に述べた電子市場型ECの第2の問題点である「信頼」の保証問題を克服するとともに，第1の問題点である商材の範囲を拡大させるものである．すなわちプラットフォーム・ビジネスは，企業間ECの発展に貢献する存在といえよう．

(5) 企業間情報ネットワークの展望

EDIからECへと移り変わりつつある流れの中で，今後の姿はどのように展望されるだろうか．想定されているひとつの形態として，企業が戦略提携型ECと電子市場型ECという2つのタイプを相互補完的に活用するというものがある．

戦略提携型ECと電子市場型ECは，取引の相手が事前に特定されているか

図表4－8　一般的な流通形態とミスミの流通形態

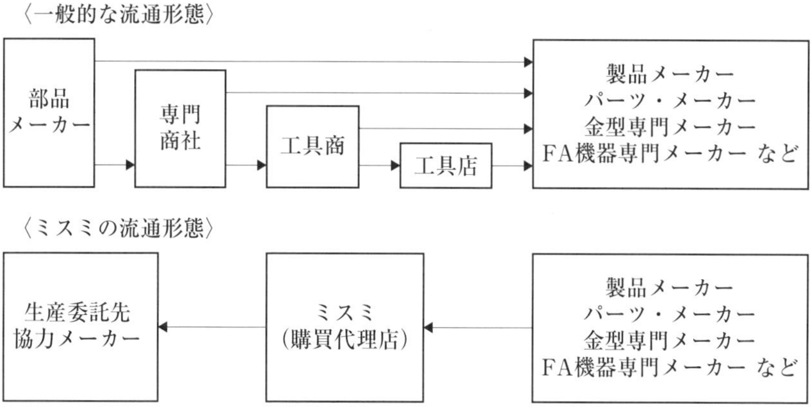

〈一般的な流通形態〉

部品メーカー → 専門商社 → 工具商 → 工具店 → 製品メーカー／パーツ・メーカー／金型専門メーカー／FA機器専門メーカー　など

〈ミスミの流通形態〉

生産委託先協力メーカー ← ミスミ（購買代理店） ← 製品メーカー／パーツ・メーカー／金型専門メーカー／FA機器専門メーカー　など

出所）國領（1995：185）をもとに筆者作成

否かという点では，互いに相反するECの形態ではあるが，実はオープン・ネットワークという同じ流れの中にある．その中で企業は，電子市場型ECを利用することによって，有効な取引相手を探索し，柔軟にそのネットワークを作り変えていく．またそれと同時に，戦略提携型ECによって，少数の企業と密接なコミュニケーションを図り，より高い組織的な成果をめざす．このように，必ずしもどちらかに特化するのではなく，両者のいいところを組み合わせて，ネットワークとして高いパフォーマンスを実現するような形態を模索する方向で発展していくのではないかと考えられる．

このような高いパフォーマンスを実現する企業間情報ネットワークの構築は，経営のグローバル化が進む今日においては，すでに世界中で繰り広げられている．よって今後はますます，情報ネットワークによる新しい企業間関係の形成が競争優位に結びつく時代になるだろう．

演・習・問・題

問1 戦略提携型ECの事例を調査して，その成功の理由を考察してみよう．
問2 電子市場型ECの事例を調査して，どのような取引が行われているかを調べてみよう．
問3 プラットフォーム・ビジネスの成功要因について，「信頼」というキーワードで考えてみよう．

参考文献

井上英也（1998）『エレクトロニック・コマース入門』日本経済新聞社
岸川典昭・中村雅章編（2004）『現代経営とネットワーク』同文舘
國領二郎（1995）『オープン・ネットワーク経営』日本経済新聞社
國領二郎（1999）『オープン・アーキテクチャ戦略』ダイヤモンド社
國領二郎・野中郁次郎・片岡雅憲（2003）『ネットワーク社会の知識経営』NTT出版
佐々木宏（2001）『BtoB型組織間関係とITマネジメント』同文舘
高橋秀雄（2001）『電子商取引の動向と展望』税務経理協会

寺本義也（1990）『ネットワーク・パワー』NTT出版
時永祥三・松野成吾（2004）『オープンネットワークと電子商取引』白桃書房
流通システム開発センター編（1997）『EDIの知識』日本経済新聞社

《 推薦図書 》

1. 井上英也（1998）『エレクトロニック・コマース入門』日本経済新聞社
    ECに関する基本的な事項を網羅的に記述した入門書である．
2. 國領二郎（1995）『オープン・ネットワーク経営』日本経済新聞社
    「囲い込み型経営」から「オープン型経営」への移行をわかりやすく論じている．
3. 國領二郎（1999）『オープン・アーキテクチャ戦略』ダイヤモンド社
    タイトルにもなっている戦略を提唱し，事例をまじえて，わかりやすく解説している．
4. 佐々木宏（2001）『BtoB型組織間関係とITマネジメント』同文舘
    EDIを中心とした企業間関係を実証的に研究している．
5. 寺本義也（1990）『ネットワーク・パワー』NTT出版
    「ネットワーク」という概念について，深く考察することができる代表的書物である．

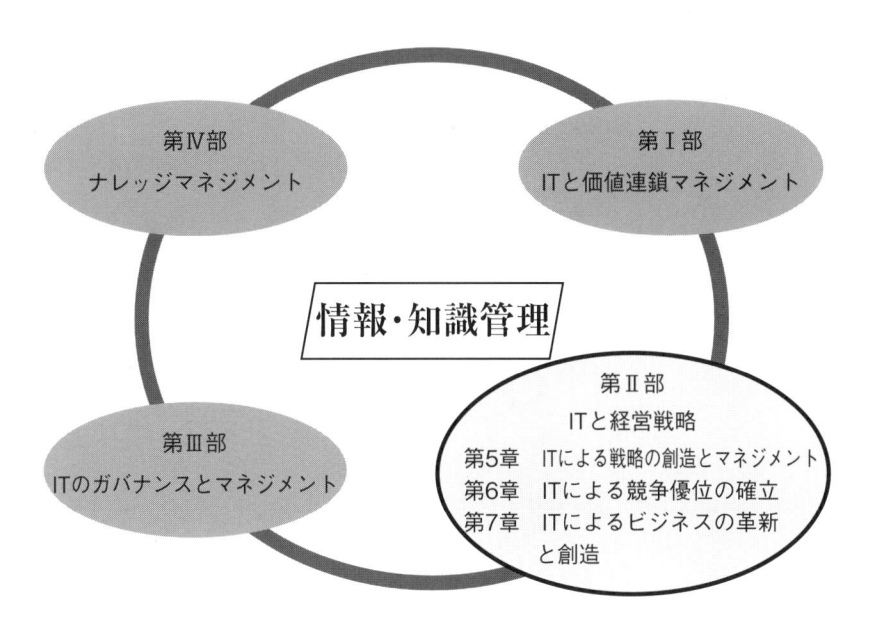

第 II 部
IT と経営戦略

情報・知識管理

- 第IV部 ナレッジマネジメント
- 第I部 ITと価値連鎖マネジメント
- 第III部 ITのガバナンスとマネジメント
- 第II部 ITと経営戦略
  - 第5章 ITによる戦略の創造とマネジメント
  - 第6章 ITによる競争優位の確立
  - 第7章 ITによるビジネスの革新と創造

第5章の要約

　ITを経営に活かすためには，ITがどのように経営に貢献するかを理解し，経営戦略を実現するためのITの活用方法を検討しなければならない．本章では，まず戦略実現と経営成果へのITの貢献の仕方の全体像を把握し，その上で戦略の創造とマネジメントに対するITの活用方法を論ずる．ITは，戦略を組織に浸透させるコミュニケーションツールであるとともに，経営の状況を写し取る鏡でもある．そのための環境の良し悪しが戦略の策定やその実行の成否に影響を与えることになる．

第5章 ITによる戦略の創造とマネジメント

1. 戦略実現と経営成果へのITの貢献

ITは，業務等への適用により経営戦略を実現し，最終的に経営成果に貢献しなければならない．図表5-1は，経営成果にどのように貢献するかという観点からITの位置づけを整理したものである．最下層にITを位置づけたのは，ITが経営の基盤であることを示している．その上の層には，経営管理システムと事業システムが置かれている．企業は，ひとつあるいは複数の事業領域で活動しているが，各事業別に事業遂行のための組織と業務プロセスを編成している．これを事業システムとよんでいる．各事業システムをとおして，事業から成果としての利益，キャッシュフローを得る．各事業の成果の総和が経営成果である．一方，企業全体での事業構成，各事業への資源配分，各事業の戦略を立案し，その実行を管理するのが経営管理システムである．

ITは，このような構造の中で大きく3つの形で経営成果の向上に貢献して

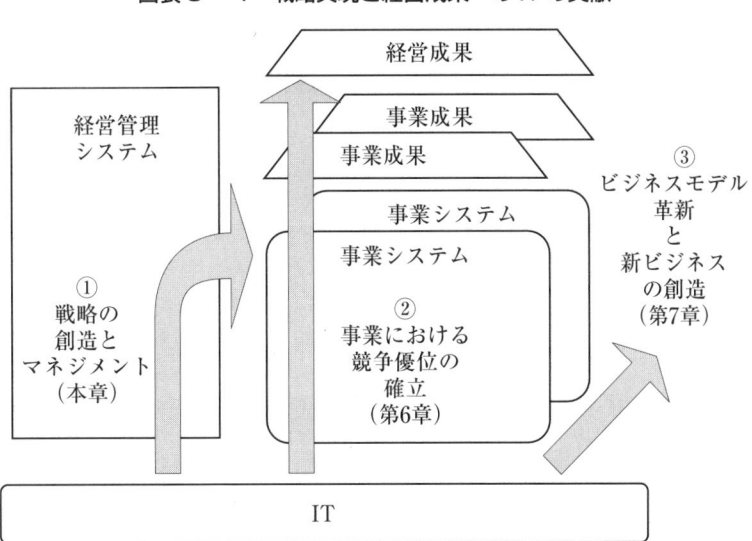

図表5-1 戦略実現と経営成果へのITの貢献

いる．第1に，経営管理システムをとおして，よりよい戦略を策定したり，その実行をうまく管理することである．第2に，IT は個別の事業領域において事業システムの実現を支援するが，その時競争優位を築くための重要な武器となりうる．第3に，IT は既存事業を革新する推進力となり，その結果新たなビジネスモデルを創造する．さらに，その延長として新ビジネスを創造する場合がある．本章では，この中で第1の貢献部分である経営管理システムにおける IT による戦略の創造とマネジメントの支援に焦点を当てる．

2. 経営管理システムの体系とプロセス

(1) 経営管理システムの体系

経営管理システムは，企業経営および事業の計画を策定し，実行し，その状況を評価・管理するための組織内部の制度である．

経営管理の階層は，アンソニー（Anthony, R. N., 1965）によれば，戦略計画，マネジメントコントロール，業務コントロールのように階層的に分類できる．図表5－2は，各階層にどのような経営管理機能が含まれるかを例示したものである．戦略計画は，企業の最上位の意思決定レベルであり，財務目標の設定，

図表5－2　経営管理の階層

戦略計画	中期経営計画策定　　　　　　　　　　　　　　事業ポートフォリオ管理　　　　　　　　　　事業基本戦略策定／投資計画策定			
マネジメントコントロール	年度経営計画／組織業績評価			
	財務計画／予算編成／予算管理			
	人事計画／個人目標計画／個人業績評価			
	研究開発計画	購買計画	生産計画	販売計画
業務コントロール	研究開発管理　プロジェクト　管理	購買管理　在庫管理　発注管理　納品管理	生産管理　工程管理　作業管理　品質管理	販売管理　在庫管理　受注管理　出荷管理

注）経営管理体系を示すために，一般的事業会社の主要な機能を例示したものである．

新規事業および事業ポートフォリオの計画，事業基本戦略の策定，投資計画等が含まれる．これらは，中期経営計画としてとりまとめられる．マネジメントコントロールは，年度経営計画（戦術計画・業務計画），組織業績評価，予算編成・管理，個人目標計画，個人業績評価等を含む．また，事業別，機能別の部門計画の策定もここに位置づけられる．業務コントロールは，業務機能ごとの業務実行の日常的管理である．製造業における中核的な業務機能でいえば，研究開発，購買，生産，販売のそれぞれの業務管理が含まれる．

(2) 経営管理のプロセス

経営管理をプロセスの面からみると，大きな流れは図表5-3のようになる．経営管理の中核的な仕組みとして，中期経営計画から予算編成にかけてのプロセスがある．その進め方は各社多様であるが，日本企業では多い3月決算の企業では，毎年年末にかけて中期経営計画のローリング，または年度計画の作成

図表5-3　経営管理のプロセス

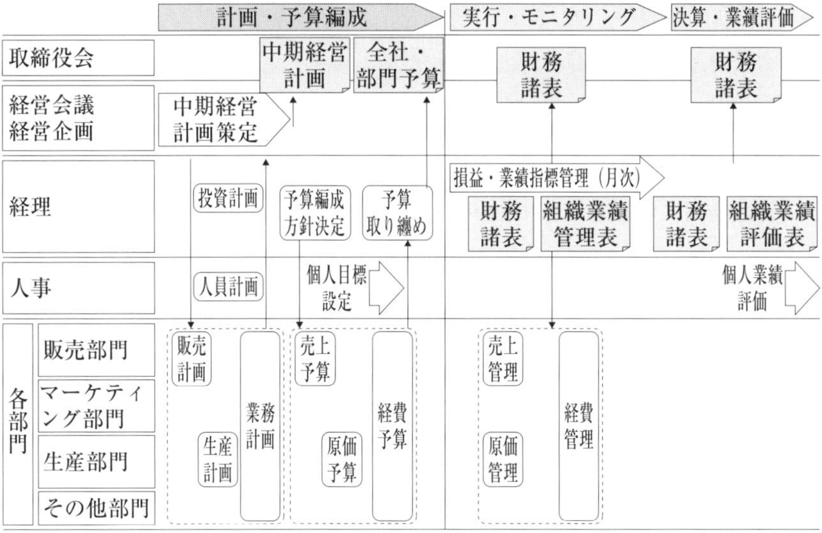

作業が開始される．中期経営計画は，3年等数年ごとに作成する方式と毎年ローリングする方式があり，中期経営計画と年度計画の作成タイミングと位置づけが異なるが，経営戦略が成文化されるのはこれらの計画書の中である．

財務目標や企業戦略，事業戦略を中期経営計画としてまとめた後，予算編成や業務計画が部署のレベルまで展開され，最終的には目標管理制度における個人目標の設定が個人別に作成される．

(3) 経営管理システムにおける IT の利用

以上の経営管理システムの体系の中で今日 IT はさまざまな機能を果たしている．まず，会計については財務会計，管理会計を支援する会計情報システムが用いられており，経営の中で不可欠な存在になっている．また，会計情報の入り口となる事業の業務システムでは，販売管理，生産管理においても情報システムが存在しており，それらが会計情報システムと相互接続されている．

3. バランス・スコアカード (BSC)

(1) BSC の背景

経営管理システムについては，経営環境の変化とともにさまざまな問題が指摘されてきた．1990年前後のアメリカでは，経営が短期の財務成果に偏重し過ぎていたことが大きな問題となった．また，経営管理が企画，経理，人事といった機能別に組み立てられているため，戦略，業務，個人目標の各層のリンクが十分なされず，戦略が実行につながらないという点も問題視されていた．これらの問題に応えるための新たな仕組みがバランス・スコアカード（BSC：Balanced Scorecard）である．BSC は，1990年代初めにアメリカの管理会計学者のキャプラン（Kaplan, R. S.）らによる共同研究によって生まれた業績評価システム，経営管理システムである．経営管理システムが抱える問題に対して，短期と長期，財務と非財務のバランスをとった経営管理を推進していくための業績評価体系を提案したものである．

期首の計画段階で戦略マップとスコアカードを作成し，期中それによって戦略の達成状況を管理する．戦略マップには，「財務」「顧客」「業務プロセス」「学習と成長」での戦略課題を明らかにし，その因果関係をマップで示す．

スコアカードには，その戦略課題を管理するためのKPI（重要業績指標）や目標値を設定する．当初多元的な業績管理手法としての位置づけが中心であったが，近年では戦略の計画策定から日々のオペレーションを整合させる戦略管理システムとしての役割が認識されつつある．

(2) BSCのエッセンス

① BSCの中核としてのスコアカード

バランス・スコアカードは，業績管理や経営管理のためのシステム，すなわち経営組織における制度であるが，その中核となる要素がスコアカードとよばれる様式である．スコアカードの中には，BSCのコンセプトが凝縮されている（図表5－4）．

表側は，「財務」「顧客」「業務プロセス」「学習と成長」という4つの視点が示されている．BSCでは，事業戦略を前提として，その戦略を実現するための達成課題を，この4つの視点の流れで戦略目的（strategic objectives）として展開する．たとえば，財務の視点で，「売上高増加」等を掲げたとすると，顧客の視点ではそのために顧客・市場に対して何をすべきかという点から「新製品売上増」等の戦略目的を導出する．つぎに，業務プロセスの視点では，顧客・市場への価値の提供をするために，業務上鍵となる課題は何かという点から，「顧客の理解」「革新的商品開発」といった戦略目的を定義する．さらに，それらを継続的に発展させていくための組織能力と基盤要素の開発課題を，学習と成長の視点で識別し，「開発スキル・ノウハウ整備」「情報の部門間共有」といった戦略目的を定める．

この作成プロセスは，目的—手段の展開の連鎖である．その結果，財務の視点から学習と成長の視点に向けての戦略目的の目的—手段の連鎖ができること

図表５－４　スコアカード

① 4つの視点：戦略目的（strategic objectives）を実行可能な形に展開する

② 戦略目的の達成目標を設定し，そのための実行策を設定する

		戦略目的	指標（KPI）	目標値	施策
ビジョン・戦略の成果（対株主）は何か	財務				
戦略を実現するため顧客に何を提供すべきか	顧客				
顧客に価値を提供する上でどの業務が鍵か	業務プロセス				
改善と革新に対応するために重要な組織能力／基盤要素は何か	学習成長				

表頭の説明：
- 戦略目的：戦略を具体的な課題・テーマに展開
- 指標（KPI）：戦略目的がどの程度達成されているかを測る
- 目標値：必要な達成レベルと改善レベル
- 施策：目標達成に必要な対策・実行計画

になる．これを階層図として図式化したものを戦略マップとよんでいる．BSCが必要とされる背景のひとつに，短期かつ財務中心の業績管理の問題の指摘があったが，この戦略マップにより，非財務，中長期といった観点を含めた業績管理構造ができるのである．

これに対して表頭は，上記の「戦略目的」に加えて，KPI，目標値，施策が展開される．戦略目的は戦略実現の課題を定性的に記述したものであるが，表頭はその定量的目標を設定し，それを達成するための実行施策を定義するためのものである．

実際には，スコアカードも，導入する組織により詳細は異なる．表側の視点も４つに限定されている訳ではなく，環境マネジメントを視野に入れ，5つ目の視点として「環境」を入れる企業もある．

図表5－5　BSCのプロセス

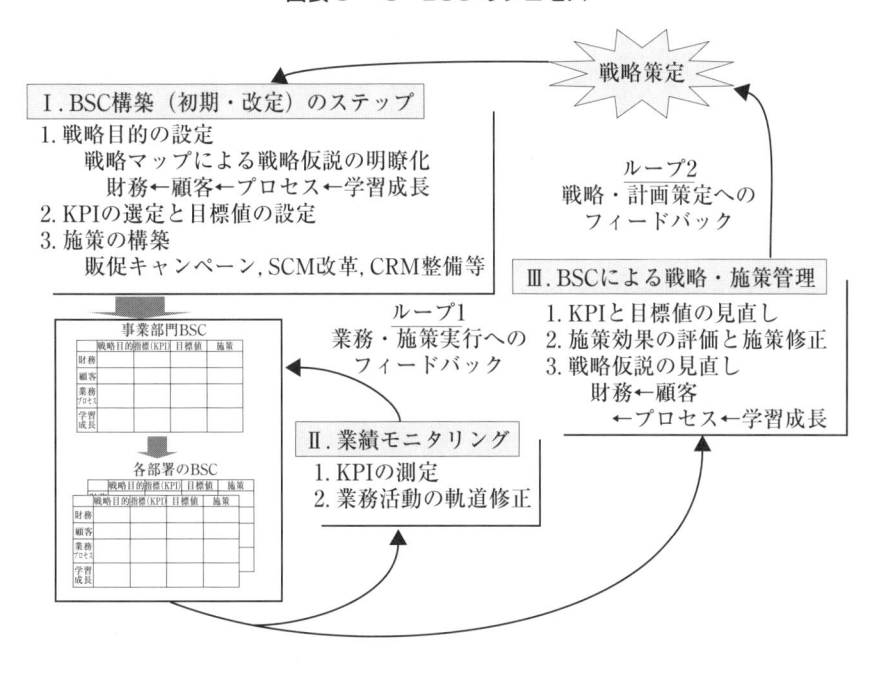

戦略策定

Ⅰ. BSC構築（初期・改定）のステップ
1. 戦略目的の設定
　　戦略マップによる戦略仮説の明瞭化
　　　財務←顧客←プロセス←学習成長
2. KPIの選定と目標値の設定
3. 施策の構築
　　販促キャンペーン，SCM改革，CRM整備等

ループ2
戦略・計画策定への
フィードバック

Ⅲ. BSCによる戦略・施策管理
1. KPIと目標値の見直し
2. 施策効果の評価と施策修正
3. 戦略仮説の見直し
　　財務←顧客
　　　　←プロセス←学習成長

事業部門BSC

ループ1
業務・施策実行への
フィードバック

各部署のBSC

Ⅱ. 業績モニタリング
1. KPIの測定
2. 業務活動の軌道修正

(3) BSCの導入運用プロセス

BSCは，このスコアカードを中核的なコンポーネントとしたマネジメントシステムである．システムとしてのBSCを理解するためには，導入と運用のプロセスを理解しなければならない．BSC導入運用の流れを概観すると図表5－5のようになる．

① 計　画

まず，BSCを導入する意義と目的を明確にする必要がある．そのためには，自社の経営の問題をレビューし，経営管理に起因する問題を棚卸しし，BSCにより改善する機会があるかどうかを判断しなければならない．その結果を受け，導入計画を立案する．導入計画では，狙い，当初のBSC導入組織範囲（事業部門），推進体制，スケジュール等を明らかにし，BSC実施の意思決定を行う．

② 構　築

つぎに，BSC 運用の準備として，スコアカードの作成と BSC の環境構築を行う．これは，導入対象の事業部門の戦略に基づき，前節で示したような流れにより戦略マップ，そしてスコアカードを作成することが中心となる．しかし，作成するスコアカードはひとつとは限らない．事業部門全体のスコアカードを作成し，それを引継ぎ下位の事業部・機能部署でもスコアカードを作成していくことが望ましい．当然ながら，下位のスコアカードは上位のスコアカードの戦略目的や施策を継承し，それを自部門で具体化していくことになる．したがって，上位のスコアカードから下位のスコアカードに向けて戦略目的を介した連鎖が作られることになる．これをスコアカードのカスケードとよんでいる．また，構築では，運用準備として，運用プロセスの設計，研修のためのマテリアル作成と研修実施，情報システムを含むモニタリングとコミュニケーションの環境構築などを行う．

③ 運　用

作成したスコアカードに基づき，スコアカードの戦略目的の達成状況を評価し，事業・経営の遂行に活かしていくことになる．具体的には，KPI の測定を定期的に行い（モニタリング），目標値との差を評価することにより（レビュー），業務活動，施策展開の軌道修正を行う．レビューは，半期，四半期，月次といったサイクルで行う．そして，経営計画策定プロセスと同期させ，次年度計画の策定の一貫としてスコアカードの再作成を行う．これが BSC の基本的運用サイクルである．しかし，市場と競争の変化がいちじるしく，先が読みにくい近年の経営環境においては，「戦略（計画）も仮説である」との認識から，半期，四半期のレビューの中で，施策の見直し，目標値の改定，そして戦略目的や戦略マップの見直しを行っていく必要がある．

④ 展　開

BSC の運用状況と有効性を評価しながら，新たな事業部門への横展開を推進し，BSC の適用範囲を拡大していく．また，経営計画，目標管理制度や予

算管理など関連する経営管理システムとの統合化を図る．

4. 経営管理のための新たなIT環境

(1) IT環境の全体像

　経営管理の高度化に向けて，ITの果たす役割は大きい．これまで情報システムは，業務管理，管理会計のための主要レポートを提供することにより，経営管理をサポートしてきた．今日では，サプライチェーン業務や会計・財務などの中核的な業務をカバーするERPパッケージを用いて実現されることも多い．

　経営管理システムは，前述のBSCの考え方を取り入れ，制度的，プロセス的な改革が進められているが，それと並行して新たなIT技術も取り入れられている．図表5-6には，経営管理のためのIT環境の全体像を示している．

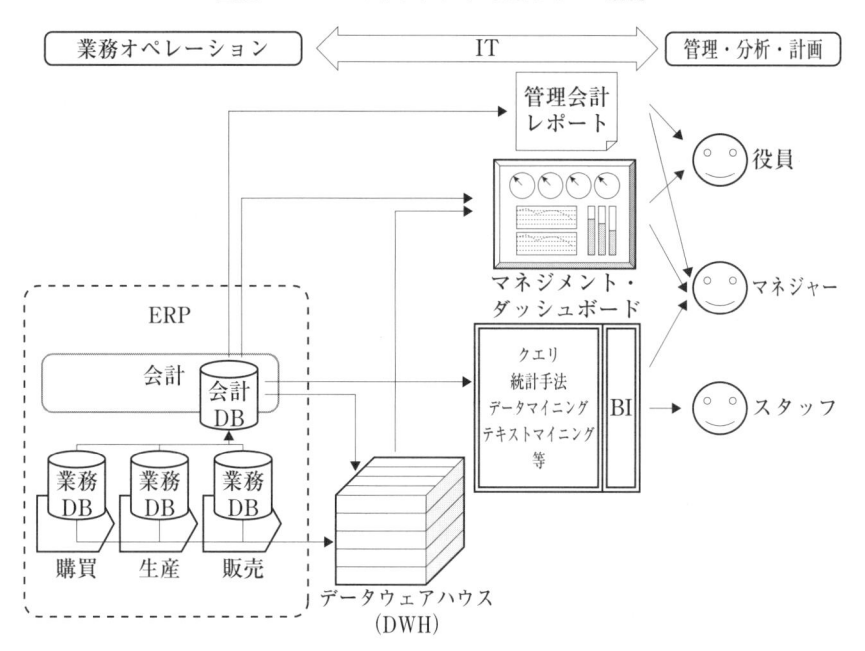

図表5-6　マネジメントのためのIT環境

ERPなどの基幹業務のための情報システムとは別に，経営環境分析のためのデータウェアハウス（DWH：Data Warehouse）を整備し，それらを基盤として，ビジネス・インテリジェンス（BI：Business Intelligence）ツールやマネジメント・ダッシュボード（management dashboard）が経営分析や経営管理を支援している．

(2) データウェアハウス

データウェアハウスは，組織の中で発生した生データを蓄積し，さまざまな加工・分析を行うための大規模データベースである．データの倉庫という意味である．通常の業務処理のためのデータベースは目的別に編成され，業務の流れに沿って加工された情報により，個々のデータベースを更新する．これに対して，データウェアハウスは，発生した明細レベルの生データを時系列で記録し，必要な時点で分析，加工するという考えに基づいている．

(3) ビジネス・インテリジェンス

ビジネス・インテリジェンスは，事実データから経営，業務の各種の意思決定に有用な知識を抽出することである．基礎となるデータは，データウェアハウスに格納され，それをBIツールとよばれるソフトウェアによって，加工・分析する．また，データ・マイニングによって，生データから自動的に知識やルールを抽出するアプローチもある．

(4) マネジメント・ダッシュボード

マネジメント・ダッシュボードは，経営者や管理者が経営や事業の状況を確認するための情報システムである．または，マネジメント・コックピット（management cockpit）という言葉も使われている．コックピットは操縦席，運転席のことであり，ダッシュボードは計器盤である．飛行機のパイロットが操縦するときに計器盤を確認するのと同じように，マネジメント・ダッシュ

ボードは経営者や管理者が経営状況を確認し，会社を操縦するためのものである．マネジメント・ダッシュボードでは，経営で監視しなければならない指標を計器盤のようにメーターやグラフなどにより端末画面上に表示する．指標は，財務指標だけでなく，業務管理上重要となる指標も含んでいる．これらの指標は経営上のKPIである．マネジメント・ダッシュボードには，管理会計，販売管理，生産管理などの各種情報システムからもととなるデータが収集される．

5. 事例

事例：シアーズのBSCとTPI

シアーズ・ローバック（以下，シアーズ）は，北米で小売チェーンを展開している．シアーズは1990年代初頭，赤字に転ずるなど大きな経営危機に直面した．経営の柱のひとつでもあったカタログ販売事業からの撤退や，店舗や人員の削減を余儀なくされた．しかし，その一方，新たなビジョンを策定し，それを実行するマネジメント・ツールとしてバランス・スコアカード（BSC）を導入した．

シアーズでは，戦略マップに相当する総合業績指標（TPI：Total Performance Indicator）モデルを開発し，業績の管理を行った（図表5-7）．その中には，顧客満足度や従業員満足度も含まれている．従業員調査は年に1回行い，顧客満足度は請求書に付したアンケートで実施した．これらを含む指標間の関係を統計手法により解析し，その結果を戦略と施策の策定にフィードバックした．たとえば，分析の結果からは，従業員満足度が5ポイントあがると顧客満足度が1.3ポイントあがり，それが売上を0.5%増収させることにつながったことが明らかになった．

事例：住友商事のSIGMA21プロジェクト

総合商社の住友商事は，金属素材から不動産まで多様な事業を手がけ，取引先は数十万におよぶ．全社の経営管理においては，多数の事業のパフォーマン

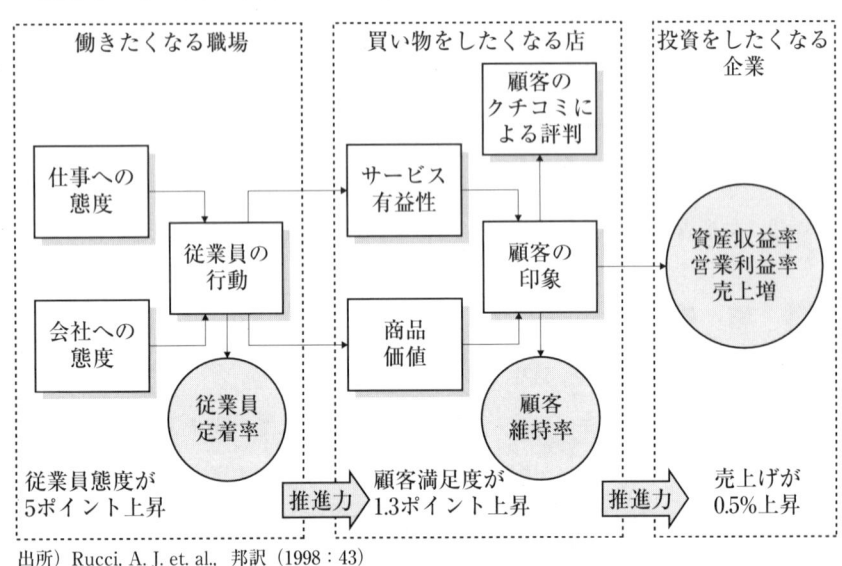

図表5－7　シアーズのエンプロイー・カスタマー・プロフィット・チェーン

```
[働きたくなる職場]          [買い物をしたくなる店]         [投資をしたくなる企業]

仕事への態度 ─┐         ┌─ サービス有益性         顧客のクチコミによる評判
              ├→ 従業員の行動 →                  ↓
会社への態度 ─┘         └─ 商品価値    → 顧客の印象 → 資産収益率/営業利益率/売上増
                     ↓                    ↑
                従業員定着率            顧客維持率

従業員態度が     →推進力→    顧客満足度が    →推進力→    売上げが
5ポイント上昇                1.3ポイント上昇             0.5％上昇
```

出所）Rucci, A. J. et. al., 邦訳（1998：43）

スをつかみ，事業撤退などの意思決定を迅速に行う必要がある．

　このような背景から，1997年に住友商事は，KPIとして「戦略3指標」を定め，各事業を評価し，経営改革を方向づけることとした．3指標とは，リスク・リターン（リスクアセットに対する利益比率），基盤（事業が生む付加価値），成長性（基盤の伸び率）である．「戦略3指標」に基づき，チャート化したものが，図表5－8である．ポートフォリオ・マネジメント・チャートの一種といえる．

　住友商事は，この考え方を一層強化するために，1999年にITを使った経営情報環境の構築に着手した．基幹的な会計システムには代表的なERPパッケージであるSAP社のR/3を導入した．この部分だけでも，月次連結決算のスピードアップなど大きなメリットが得られた．さらに，会計システムで蓄積された基礎情報をもとに，BIツールを活用し，戦略3指標をはじめ各種経営管理指標を提供するシステムGMC（グローバル・マネジメント・コックピット）

図表５−８　住友商事の事業評価フレームワーク

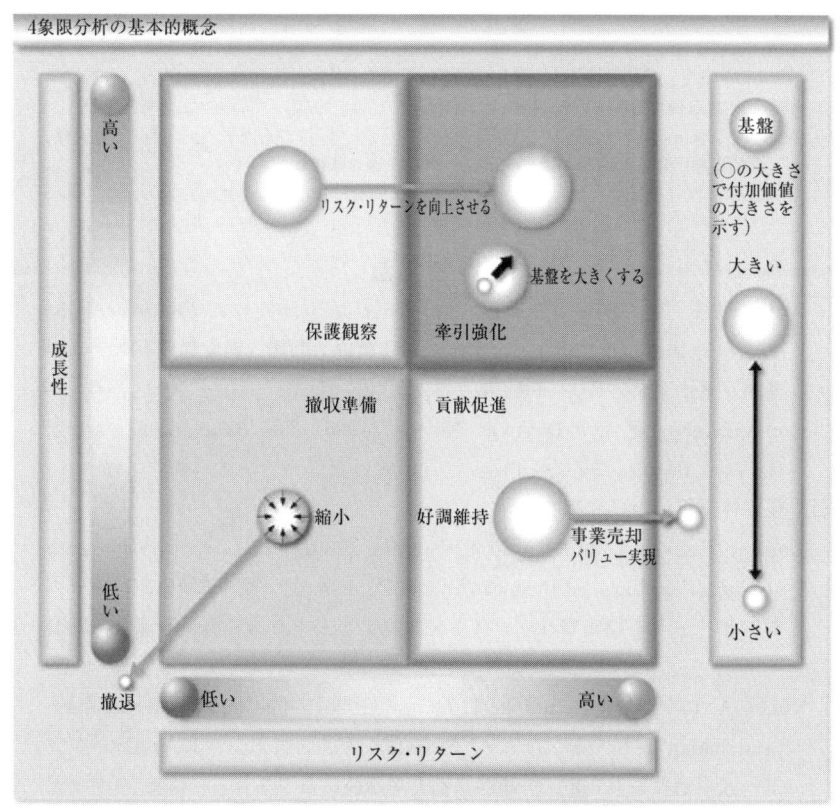

4象限分析の基本的概念

成長性：高い／低い
リスク・リターン：低い／高い
基盤（○の大きさで付加価値の大きさを示す）：大きい／小さい

- 保護観察：リスク・リターンを向上させる
- 牽引強化：基盤を大きくする
- 撤収準備
- 貢献促進
- 縮小 → 撤退
- 好調維持
- 事業売却 バリュー実現

出所）住友商事ホームページ

を開発した．戦略3指標に関しては，半年に1回，事業ごとに連結ベースで算出し，チャートと表で表示できるようにした．事業の育成や撤退の目安を把握しやすくなり，事業の選択と集中の迅速な意思決定が可能となった．GMCは，幹部が事業の最終的なパフォーマンスを定型的に確認することに用いるが，事業のより詳細な状況を分析するためにはODS（オペレーショナル・データストア）と呼ばれるデータウェアハウスが用いられる．

演・習・問・題

問1 経営管理システムの高度化に際して，ITはどのような役割を担っているか，論じなさい．

問2 BSCは経営管理システムが抱えるどのような問題に対応しているか，説明しなさい．

問3 インターネットや雑誌でマネジメント・コックピットの事例を調べ，どのような業績評価指標が管理されているかを整理し，その意義を分析しなさい．

参考文献

Anthony, R. N. (1965) *Planning and Control Systems: A Framework for Analysis*, Harvard University Press. (高橋吉之助訳『経営管理システムの基礎』ダイヤモンド社, 1968年)

Kaplan, Robert S. and David P. Norton (1996) *The Balanced Scorecard*, Harvard Business School Press. (吉川武男訳『バランス・スコアカード』生産性出版, 1997年)

Kaplan, Robert S. and David P. Norton (2001) *The Strategy-Focused Organization*, Harvard Business School Publishing. (櫻井通晴監訳『キャプランとノートンの戦略バランスト・スコアカード』東洋経済新報社, 2001年)

Rucci, A. J., Kirn, S. P. and R. T. Quinn (1998) "The employee-customer-profit chain at Sears," *Harvard Business Review*, January-February. (「シアーズ復活のシナリオ——顧客価値を生み続けるシステムの構築」『ダイヤモンド・ハーバードビジネス』1998年)

小原重信・浅田孝幸・鈴木研一編 (2004) 『プロジェクト・バランス・スコアカード』生産性出版

清嶋直樹 (2005) 「経営管理を徹底する！住友商事現場の社員が経営分析データで「総合力」磨く」『日経情報ストラテジー』2005年3月号

住友商事ホームページ「中期経営計画 Step Up Plan」
　http://www.sumitomocorp.co.jp/strategy/step/senryaku.shtml

《推薦図書》

1. Kaplan, Robert S. and David P. Norton (2001) *The Strategy-Focused Organization*, Harvard Business School Publishing.（櫻井通晴監訳『キャプランとノートンの戦略バランスト・スコアカード』東洋経済新報社, 2001年）

    提唱者自身による著作であり, BSCの基本とそれを用いた戦略志向組織への接近方法が体系的にまとめられている.

2. 小原重信・浅田孝幸・鈴木研一編（2004）『プロジェクト・バランス・スコアカード』生産性出版

    戦略施策の単位であるプロジェクトの視点を取り入れたBSCフレームワークを提案している.

第6章の要約

　情報システムは，企業の中で業務を効率化したり，経営情報を管理するための道具として登場した．しかし，情報システムは情報処理技術，通信技術の高度化により，単なる経営の道具以上の存在になった．

　本章の主題は，情報システム，ITの戦略的な側面である．ITがどのような戦略的意味合いを持っているのか，それがなぜ生ずるのか，そして戦略的な活用の機会をどのように検討することができるか，を検討する．

第6章　ITによる競争優位の確立

1. 戦略的情報システム

　情報システムは，当初企業の中で業務を効率化させるため，経営管理を支援するために用いられてきた．1970年代から80年代にかけて新たな使い方が次第に認識されるようになってきた．まず，いくつかの事例を検討しよう．

事例：航空業界のコンピュータ予約システム（SABREとAPOLLO）

　旅行代理店の予約業務は，情報システム利用前はカードを人手で管理する原始的な方法であった．ミスが起こりやすく，予約から発券までの処理には数時間を要していた．便数の増加に伴い人手での処理は限界になり，情報システムの利用が検討された．1950年代後半，アメリカン航空は，予約システムに関する調査・開発プロジェクトを開始し，1960年にSABREと名付けられたコンピュータ予約システム（CRS：Computer Reservation System）を稼動させた．SABREを使うことにより，支店の予約業務担当がオンラインで予約し，瞬時に発券をできるようにした．

　その後，1970年代になると社外にもSABREのネットワークを拡大し，旅行会社からも直接利用でき，予約できるようにした．当初，予約業務の効率化，スピードアップを目的にしたものであるが，社外へのネットワーク拡大が進むにつれて新たな機能が付加された．自社便だけでなく，他の旅行代理店の予約もできるようにすることにより，旅行会社の利便性を高めた．しかし，同一路線の航空便を検索すると，アメリカン航空便がリストの上位に表示され，自社便の予約を誘導するように仕向けていた．

　アメリカン航空のSABREと同様に，ユナイテッド航空でもAPOLLOとよばれるCRSを開発・運用し，旅行会社に設置し始めていた．旅行会社側からみれば，ひとつのCRSを利用すれば各社の予約が可能になる．しかし，その結果，利用しているCRS会社の航空便の予約が増加することになった．すな

わち，CRSにより，旅行会社は航空便の予約に関しても囲い込まれることになったのである．

また，CRSは，航空券予約の囲い込み以外にもさまざまな新たな収益の機会を提供した．旅行会社の端末使用料，他社航空券を予約販売した時の手数料，航空券の他にホテル，レンタカーを予約した時の手数料などの収益源を含め，CRSは収益事業になった．アメリカン航空では，グループ経営の面から，持株会社に以降し，CRS事業を分社化した．

航空業界では，CRSに，航空便予約の囲い込み，そして新規事業としての重要性があることが認識され，CRS契約のための旅行会社への販売競争が激化した．1980年代初頭，旅行会社のCRSは，SABREとAPOLLOがそれぞれ40％前後のシェアを占めるようになった．このような2社の寡占状況に対して，1980年代半ばには，自社便優先表示を禁止する通達が出された．さらに，その他旅行代理店が2社をシャーマン法（独占禁止法）違反で提訴した．また，テキサス・エア，TWA，デルタ航空の新興CRSも台頭し，1980年代後半は，法廷とビジネスの両面で戦いが進行した．

事例：医療品発注ネットワーク（アメリカン・ホスピタル・サプライ）

アメリカン・ホスピタル・サプライ（AHS）は，病院や医療機関に，医療品を販売する製造卸売業である．1976年にASAP（American's Analytical Systems Automated Purchasing system）とよばれる受注システムを開発した．ASAPを利用することにより，病院の購買担当者は，AHSの製品を端末から直接発注することができるようになった．

ASAPは継続的に機能向上が図られ，病院における医療品の在庫管理もできるようになった．さらに，在庫の状況から発注リストをコンピュータが自動的に生成できるため，購買担当者の業務はそれを確認し，発注指示だけをすればよいようになった．

病院側にとっては，ASAPを利用することにより，医療品の発注業務が効率

化されるとともに，在庫管理の適正化により在庫削減も図れるというメリットが得られる．一度ASAPを入れると，AHSが扱っている製商品であれば，他の業者に発注することがなくなってしまう．このようなASAPの効果によって，AHSは医療品市場で3分の1のシェアを占めるリーダーになった．

その後，1980年代の半ばに，政府の医療支出削減の改革に対応すべく，顧客であるホスピタル・コーポレーション・オブ・アメリカ（HCA）との合併を模索した．HCAは，アメリカ最大の病院チェーンである．AHSとHCAの合併が噂されると，HCA以外の顧客は，供給元をAHSから別な業者に切り替え始めた．購買や在庫の状況がHCAに漏れることを危惧したためである．AHSの優位性は徐々に崩れていった．このような状況の中，同業の下位企業であるバクスター・トレベノール・ラボラトリーズから買収提案があり，AHSは結局それを受入れることになった．

これらの事例は，当初の意図のいかんにかかわらず，情報システムが，単なる業務の効率化や経営情報の提供をするためだけの道具ではなく，競争優位をもたらす戦略的な武器となりうることを示している．ワイズマン（Wiseman, C., 1988）は，情報システムの位置づけを機能と用途の両面から類型化し，図表6－1のように示した．基本的処理の自動化という用途に対しては，トランザクション機能を有した情報システムが必要であるが，経営情報システム（MIS：Management Information Systems）がこれにあたる．一般にMISは経営

図表6－1 情報システムの種類

機能＼用途	基本的処理の自動化	情報ニーズの充足	競争戦略の形成・支援
トランザクション処理	MIS		SIS
検索・分析		MSS	

出所）Wiseman, C., 邦訳（1989：85）

情報活動の統合化と経営管理のためのレポーティングの側面を強調した情報システム概念であるが，ここでのMISはむしろ業務効率化を狙う業務処理自動化の情報システムに近い（EDPととらえられていた領域）．一方，多様でアドホックな情報ニーズの充足という用途に対して，検索・分析の機能をもった情報システムを，経営支援システム（MSS：Management Support Systems）とよんだ．これは経営情報の多角的な利用や意思決定支援のための利用である．

ワイズマンは，MISとMSSは情報システムの慣習的パースペクティブであり，アメリカン航空のSABREや，AHSのASAP等の位置づけは慣習的パースペクティブでは十分解釈できないとし，情報システムには新たな用途があることを指摘した．それが，戦略的情報システム（SIS：Strategic Information Systems）である．SISは，情報技術の戦略的役割に着目し，「競争戦略を支援あるいは形成することを意図した情報技術の活用」である（Wiseman, 1988）．以降では，SISに関連したいくつかの理論を示し，加えてSISによる競争戦略実現のアプローチを検討する．

2. 競争戦略とIT

マイケル・ポーターは，1980年代に競争戦略論を体系付ける2冊の著書の中で，「5つの競争要因」(five forces) フレームワーク，価値連鎖（value chain）など競争戦略に関する有益なフレームワークを提唱した（Porter, M. E., 1980；1985, 詳細は本シリーズ第2巻第7章参照）．そして，ポーターや他の研究者は，競争戦略におけるITの役割をポーターの理論をベースに議論している．

(1) 5つの競争要因

5つの競争要因フレームワークは，業界の競争水準を5つの要因から検討し，業界の魅力度を評価する枠組みである．5つの要因とは，①新規参入業者の脅威，②買い手の交渉力，③供給業者の交渉力，④代替品の脅威，⑤業界の競争業者，である．この5つの要因のおのおのの状況によって図表6−2の影響結

図表6-2 競争要因の影響

競争要因	影響結果	IT利用による対抗
新規参入業者の脅威	新しい供給能力 資源大規模投入 価格低下/コスト増加	参入障壁の確立 　大量販売等による規模の利益 　切り換えコストの増加 　製品の差別化 　流通チャネルの支配
買い手の交渉力	値下げ要求 高品質要求 サービス要求 競争激化	買い手の選択 切り替えコストの増加 差別化 参入障壁
供給業者の交渉力	値上げ要求 品質/サービスの低減	業者選択 川上統合
代替品の脅威	利益の頭打ち 価格の頭打ち	価格性能比の改善 製品/サービスの再定義
業界の競争業者	競争 　価格，製品， 　物流，サービス	コスト効率 市場参入 差別化 　製品/サービス/企業

出所) Cash, J. I., McFarlan, F. W. and J. L. McKenney, 邦訳（1987：43）

果に示すような力が働き，競争水準に影響を与える．業者間の敵対関係が強かったり，買い手，売り手の交渉力が強ければ，そして新規参入，代替品の脅威が高まれば，業界は激しい競争状況にあり，企業は簡単には利益をあげることができない．5つの競争要因は業界によって異なり，それによって業界の魅力度を評価することができる．

ポーターとミラー（Porter, M. E. and V. E. Millar, 1985）は，ITにはこの5つの競争要因を変える力があり，したがって業界の魅力度を変えることができると指摘した．キャッシュとマクファーランら（Cash, J. I., McFarlan, F. W. and J. L. McKenney, 1988）は，ポーターの5つの競争要因の枠組みを用いて，ITを用いた競争を有利にするための対抗策を論じた（図表6-2）．IT利用による対抗策はさまざまなものがあるが，参入障壁を築くこと，スイッチングコスト（切り換えコスト）を高めること，がITや通信ネットワークの特徴を最も活かした方法といえる．

参入障壁とは，異業種の企業が業界に新規に参入することを妨げる障害物，

あるいは渉外的要素である.参入障壁は,規模の経済,経験曲線効果,製品差別化,ブランド,投資規模の必要性,優良資材の調達,優良販売チャネルの支配等によって築くことができる(Porter, 1985).たとえば,規模の経済が大きい事業に新規参入する場合,生産量が少ないと単位コストが高く,競争力ある価格設定が難しい.また,特許により当該分野での中核的な技術を保護することも参入障壁となる.

参入障壁を築くうえでITを活用することができる.製品自体やサービス,そして業務システムに高度なソフトウェアを用いる場合,差別化になるだけでなく,開発投資が必要となり,それが参入障壁になる場合がある.たとえば,消費者金融では,与信の評価が重要な業務となっている.与信評価を過去の貸付・顧客データから評価ルールを抽出し,新規の与信評価情報を提供するシステムの開発と運用には,高度な技術と大量の顧客・履歴データが必要である.与信システムとそのノウハウが参入障壁になっている.

スイッチングコストは,購入先を変更するとき余分にかかる一時的費用や負担である.スイッチングコストは,参入障壁のひとつの要因であり,スイッチングコストが高いとその業界への新規参入はしにくい.スイッチングコストには,新しいサプライヤを調べるコストと時間,製品の再設計コスト,従業員の再訓練コスト,関連する付帯設備を更新するコスト,取引を円滑にするための精神的負担等が含まれる(Porter, 1980).

ITをうまく活用するとスイッチングコストが高まる.アメリカン航空のSABREやAHSのASAPに代表されるように,SISには,自社と顧客を結ぶ情報ネットワークシステムを構築し,顧客に端末を設置し,発注等業務に利用させるものが多い.このような企業間ネットワークを一度構築すると,業務がそのシステムに依存することになる.そのため,他の業者と同等な取引する場合,新たな情報システム環境の整備,従業員の訓練に多大なコストと時間がかかる.これは大きなスイッチングコストである.スイッチングコストを高める企業間ネットワークを構築し,顧客を囲い込むというパターンが,典型的なSISであ

る.

(2) 価値連鎖

　価値連鎖は，製品やサービスを作り，顧客に提供するためのさまざまな業務の連鎖である．価値連鎖を構成する業務を価値活動とよぶが，主活動と支援活動に分けられる（Porter, 1985）．主活動は，顧客に対して価値を提供するための直接的な活動である．購買物流，製造，出荷流通，販売・マーケティング，サービスといった価値活動から構成されている．これに対し，支援活動は主活動を支援する価値活動であり，原材料以外の経営資源の調達活動，人事・労務管理や，技術開発，全般的管理が含まれる．

　価値連鎖は，ひとつの企業のひとつの事業を対象にしたものである．業界にはサプライヤ，製品メーカー，卸売業，小売業というように垂直的取引関係があり，それぞれの企業の価値連鎖は相互に接続される．また，多角化した企業の事業別価値連鎖が水平的につながる場合もある．ポーター（Porter, 1985）は，価値連鎖の垂直的，水平的な接続体系全体を価値システム（value system）とよんだ．

　価値連鎖を分析することにより，ITの戦略的活用の機会を発見することができる（Cash, J. I., McFarlan, F. W. and J. L. McKenney, 1988）．各価値活動の中でITを用いることにより，コスト優位や差別化を作ることが可能である（図表6-3）．購買物流では，流通業と製造業が情報ネットワークにより在庫情報を共有することにより，流通側の在庫を製造業が管理し，自動補充する方式をとることができる．これは，供給業者主導在庫管理（VMI：Vendor Managed Inventory），連続自動補充プログラム（CRP：Continuous Replenishment Program）という方式であるが，発注業務を省き，在庫低減できるのでコスト優位を築くことができる．サービスは，顧客満足度を高めるうえで重要な価値活動である．あるエレベータ会社は，エレベータに運転状態を記録する装置を付け，しかもエレベータ会社のコンピュータとネットワーク接続した．故障が

図表6-3 価値連鎖内に浸透する情報技術

支援活動	全般管理	計画作成モデル				
	人的資源管理	人事管理の自動化				
	技術開発	CAD,市場調査のコンピュータ処理				
	調達活動	部品のオンライン調達				
		自動化倉庫	フレキシブル生産プロセス	受注処理の自動化	電話によるマーケティング 営業員のための遠隔端末	電話による機器のアフターサービス コンピュータによる修理サービス車の日程および巡回経路づくり
		購買物流	製造	出荷物流	販売・マーケティング	サービス

主活動 → 付加価値

出所) Porter and Millar, 邦訳 (1985)

あった場合，サービス員は2時間前からの運転状態の履歴を遡ることにより，容易に原因を分析することが可能となった．その結果，修理コストを低減でき，顧客満足度も高まった．

　価値連鎖におけるITの利用機会は，価値活動個々に起点があるが，上述の例が示すように，価値活動間，とくに企業間の結合関係をITによって抜本的に変えることが，競争優位の大きな源泉になる．

3. 戦略スラスト

　ワイズマン（Wiseman, C., 1988）は，戦略的情報システムの活用機会を戦略スラスト（strategic thrust）という概念を用いて，整理した．戦略スラストとは，企業が競争優位を求めて行う戦略的行為である．ワイズマンによれば，過

去の企業の行為から，戦略スラストは，差別化，コスト，革新，成長，提携という5つの基本形に単純化できる．差別化は，他社の製品・サービスでは代替できない機能・性能をもたせることである．コストは，他社以上にコストを削減することである．革新は，新しい製品を生み出したり，事業のやり方を変化させることである．成長は，事業活動範囲の拡大であり，製品・事業の幅と価値連鎖の幅の両面がある．そして，提携は共通の目的を達成するための複数の企業の連携であり，協定による戦略的提携，合弁といった形態がある．ワイズマンは，合併・買収も提携の一形態であるとしている．

戦略スラストは，互いに結びついて展開される場合がある．たとえば，後方垂直統合による成長戦略をとった結果，異なった資源のシナジーによりビジネスモデルの革新につながる場合もある．戦略的情報システムの機会と脅威は，これらの戦略スラストの観点から検討することができる．

(1) 差別化

ポーター (Porter, 1980) は，「製品・サービスを差別化して，業界の中でも特異だと見られる何かを創造しようとする戦略」として，第2の基本戦略である差別化戦略を示した．戦略スラストの差別化もこれを包括した概念である．差別化は，製品・サービスの諸特性をどのようにするかによって差別化できる．また，製品・サービスの販売，供給，アフターサービスの方法によっても差別化できる．ITはこれらの差別化を構築する機会を提供する．たとえば，以前のトラック運送業界では，提供するサービスが似通っていた．アメリカのパシフィック・インターマウンテン・テクスプレス (PIE) は，いち早く荷物が出発点から目的地のどこにあるかを調べることのできる情報システムを開発した．これによって，顧客は自分の荷物がどこにあるかを自分自身のコンピュータ端末から容易に確認することができ，便利になった．

(2) コスト

　ポーターの第1の基本戦略はコスト・リーダーシップ戦略であり,「同業者よりも低コストを実現し,低価格政策による収益増や,高マージンをえようとする戦略」である.戦略スラストのコストも,この考えを含んでいる.ITは低コストを実現するうえでも重要な道具,武器となる.業務の情報システム化により,人的作業に比べコストを改善することができる.また,コストにかかわる経済性は,規模,経験,範囲などで構築することができるが,ITはそのルールを変えることもできる.情報システム化は,開発段階には初期投資が必要であるが,その運用コストを格段に低減させるというアプローチである.また,情報システム化することにより,業務可能規模が拡大するため,いち早く規模を拡大していくことがますます重要となる.

(3) 革　新

　革新は,発明から始まって,普及にいたる一連のライフサイクルの途中段階であり,「発明を商業的に応用する最初の段階」である.その結果,それまでなかった,画期的な製品・サービスを生む.生産や販売にかかわるビジネスプロセスの改革が成される.ITはそのための重要な武器になる.たとえば,音楽携帯プレイヤーは,デバイス,メディア等の技術によって,カセットテープ,MD(ミニ・ディスク)というように常に継続的に革新してきた製品である.さらに,ネットワークの普及とブロードバンド化にともなって,今日ではネットワークを介した音楽配信サービスとICメモリーを有する小型端末を組み合わせた製品・サービス体系にシフトしている.

(4) 成　長

　戦略スラストにおける成長は,製品・サービス,機能,地域の3次元における事業領域の拡大を指している.ここでもITの役割は小さくない.製品・サービス面では,ITを活用することにより商品の品揃えを拡大したり,関連

事業を展開することが容易になる．機能面では，前方，後方への垂直統合を図り，事業範囲を拡大することができる．地域面では，ネットワークの活用により販売地域の拡大や生産・ロジスティクスのグローバル統合が可能となる．

たとえば，L. L. ビーンは，アメリカ北西のフリーポートに本拠をおく衣料の小売店であった．カタログによる通信販売も行っていたが，1970年代半ばには，商品が約8,000品目で，売上2,000万ドル，従業員350人に過ぎなかった．その後，コンピュータの導入により，1985年には取扱商品は5万品目に拡大し，売上2億ドル，従業員1,650人のアメリカで第8位の通信販売事業者に成長した．

(5) 提 携

提携は，共通の目的を達成するための複数の企業の連携である．協定による戦略的提携，合弁といった形態があるが，別の側面では取引上の機能間の関係（垂直）と製品・事業間の関係（水平）に分けられる．ITは，垂直関係の中では，企業間情報システムが重要な役割を担う．受発注ネットワーク化によりメーカーと流通の提携を構築したり，調達ネットワーク，デザインインのためのエンジニアリング情報システムにより，完成品メーカーとサプライヤとの提携を構築することにつながる．また，ITが製品・サービスの中で重要な役割をもつようになると製品・サービス間の補完関係が重要になる．そのため，パッケージ・ソフト・ベンダーとシステム・インテグレータとの提携，家電メーカーと音楽，映像コンテンツ制作会社との戦略的提携が活発になっている．

4. 戦略的情報システムの機会認識と検討ステップ

(1) 戦略オプション・ジェネレータ

前節までで，SISのもつ意味を検討してきた．SISは，どちらかといえば1980年代の半ばまでは過去の事例を分析し，後付で情報システムの戦略的意義を論じていた．ワイズマンやマクファーランらは，情報システムの戦略的特

図表6－4　戦略オプション・ジェネレータ

	戦略ターゲット							
	競争舞台				システム（ユーザ）			
	供給業者	チャネル	顧客	ライバル企業	企業自身	供給業者	チャネル	顧客	ライバル企業
戦略スラスト 差別化									
コスト									
革新									
成長									
提携									

出所）Wiseman, C., 邦訳（1989：145）

性をふまえたうえで，企業における競争優位を確立するためのアプローチを提案している（Wiseman, C., 1988；Cash, J. I., McFarlan, F. W. and J. L. McKenney, 1988）．

　たとえば，ワイズマンは，前述の戦略スラストに基づき，企業の中でどのような戦略的なITの活用機会があるかを検討するに示すようなフレームワークを提示した（図表6－4）．これは戦略オプション・ジェネレータとよばれているが，縦軸に戦略スラストをとり，横軸には戦略ターゲットをおいている．戦略ターゲットはさらに，競争舞台とシステム（ユーザ）とに分けている．システム（ユーザ）は，情報システムを適用する場所であり，企業自身，供給業者，チャネル，顧客，ライバル企業からなる．戦略ターゲットの競争舞台は，想定される競争関係の中でどことの競争を想定したものかを切り分けたものである．

(2) SIS の検討ステップ

　ワイズマンが提示した戦略オプション・ジェネレータは，SISの機会を導出するフレームワークとして位置づけられる．これに対し，ポーターとミラー（Porter, M. E. and V. E. Millar, 1985）は，ITの戦略的な活用についての検討段階，検討ステップをつぎのような形で示した．

① 情報密度の評価

まず，各事業部門が有している情報の密度を評価する．情報密度は，製品・サービス自体や，事業のプロセスの情報への依存度である．製品・サービスの中に情報が関与する割合が多い場合，製品・サービスの情報密度は高い．また，製品品目数，部品数，顧客やサプライヤの数が多い場合，価値連鎖の情報密度は高い．これらの評価を行い，企業の中で，情報密度が高い事業部門を識別する．

② 業界構造におけるITの役割の決定

選定した事業に関して業界構造の「5つの競争要因」を分析し，自社がどのような圧力を受けているかを認識する．そして，今後どのような変化が想定されるか，それに対しITはどのような対応ができるかを検討する．

③ ITが競争優位を創り出す手段の識別とランクづけ

以上の業界構造の分析に基づき，価値連鎖を詳細に分析することにより競争優位を創造できる方法案を選定する．とくに，価値連鎖の中でも重要な情報処理機能をもっている価値活動，企業内外の価値活動間の連結についてITの活用機会がある．製品・サービスについても，より情報やITを組み込むことができないか，検討する必要がある．これらの検討から抽出したIT化の手段について効果を評価し，取り組むべき重要度のランクづけを行う．

④ ITが新事業をどのように生み出せるかの調査

ITのコンピュータ能力やデータベースの情報資源は，新事業を生み出す機会を提供する．事業によって生成される（あるいは潜在的に生成可能な）情報の価値を評価したり，内部で有しているIT能力が新規事業に転用できるかどうかを検討してみる必要がある．

⑤ ITの利用計画の策定

以上の4つのステップからITの利用計画を策定する．この計画には組織や業務プロセスの改革を同時に組み込むことも必要である．ITに関する戦略的機会を組織的に認識し，IT投資を優先順位づけする，組織的マネジメントが

計画策定の基盤となる.

　ワイズマンや,ポーターらが示したフレームワーク,検討ステップはひとつの考え方でしかない.1990年代以降ITと競争優位,事業戦略との関係については新たな展開がなされてきた.たとえば,ビジネスプロセスの中でのIT活用方法に関しては,その後リエンジニアリングが提唱された.また,ポーターらの提案には,ITによる新ビジネスの創造が含まれているが,90年代以降のインターネットの普及にともないさらに新たなITビジネスのフレームワークも研究されてきた.これらの点については,本書の次章以降で改めて検討する.

演・習・問・題

問1　最近の日本企業における情報システムの活用事例を雑誌,文献などにより調査し,SISと考えられる事例について,本章で示したフレームワーク(5つの競争要因,価値連鎖,戦略スラスト等)により分析しなさい.

問2　本章で示したようにアメリカン・ホスピタル・サプライ(AHS)は情報システムASAPにより競争優位を獲得したが,その後最終的には会社として存続することができなかった.戦略展開の中で何が問題であったか検討しなさい.

参考文献

Cash, James I., McFarlan, F. Warren and James L. McKenney (1988) *Corporate Information Systems Management : The Issues Facing Senior Executives*, 2nd ed., Richard D. Irwin, Inc.(小澤行正・南隆夫訳『情報システム企業戦略論』日経BP社,1987年)

Porter, M. E. (1980) *Competitive Strategy*, Free Press.(土岐坤他訳『競争の戦略』ダイヤモンド社,1982年)

Porter, M. E. (1985) *Competitive Advantage : Creating and Sustaining Superior Performance*, Free Press.(土岐坤他訳『競争優位の戦略』ダイヤモンド社,1985年)

Porter, M. E. and V. E. Millar (1985) "How information gives you competitive advantage," *Harvard Business Review*, July-August.(「進展す

る情報技術を競争優位にどう取り込むか」『ダイヤモンドハーバードビジネスレビュー』10-11月号, 1985年)

Wiseman, C. (1988) *Strategic Information Systems*, Richard D. Irwin, Inc.(土屋守章・辻新六訳『戦略的情報システム—競争戦略の武器としての情報技術』ダイヤモンド社, 1989年)

―――《推薦図書》―――

1. Wiseman, C. (1988) *Strategic Information Systems*, Richard D. Irwin, Inc. (土屋守章・辻新六訳『戦略的情報システム—競争戦略の武器としての情報技術』ダイヤモンド社, 1989年)
   情報システムが競争優位構築の武器になることを示している.

2. Porter, M. E. and V. E. Millar (1985) "How information gives you competitive advantage," *Harvard Business Review*, July-August.(「進展する情報技術を競争優位にどう取り込むか」『ダイヤモンドハーバードビジネスレビュー』10-11月号, 1985年)
   競争優位を勝ち取るためにITをどのように活かすかを, ポーターの競争戦略論の理論に照らして論じている.

3. Cash, James I., McFarlan, F. Warren and James L. McKenney (1988) *Corporate Information Systems Management: The Issues Facing Senior Executives*, 2nd ed., Richard D. Irwin, Inc.(小澤行正・南隆夫訳『情報システム企業戦略論』日経BP社, 1987年)
   ITの戦略的活用の考え方, そのマネジメントの方法を企業経営の立場から論じている.

第7章の要約

　前章では，情報システムが伝統的な業務の効率化や，経営情報の管理と活用にとどまらず，競争優位を形成・支援するという点を検討した．ポーターとミラー（Porter, M. E. and V. E. Millar, 1985）は，IT は競争優位を作り出すために企業が使うことのできる梃子としての役割を高めつつあると述べたが，これに加えて IT の進歩が業界構造を変えつつあること，そして情報革命はまったく新しい事業を生み出していること，を同時に指摘している．本章は，このような観点から，IT によるビジネス革新や新事業の創造について考察する．

第7章 ITによるビジネスの革新と創造

1. 電子商取引の発展

(1) 電子商取引

　ITによるビジネス革新と新事業の創造は，着実に，そして急速に進んでいる．まず，ビジネス革新という面では，電子商取引の普及が顕著である．電子商取引は，インターネットなどの通信ネットワークを利用し，製商品・サービスを売買することであり，eコマース（EC：Electronic Commerce）ともよばれる．とくに，1990年代後半にインターネットが普及したことにより，インターネット上で商品販売を行うサイトが増加した．電子商取引は，取引先の種類により，消費者向け電子商取引のBtoC（Business to Consumer）と，企業間電子商取引のBtoB（Business to Business）に分けられる．

(2) BtoC電子商取引

　BtoCは，企業対消費者を意味しており，一般に消費財の企業と消費者の売買を指す．とくに電子商取引が普及する中で，消費者向け販売をBtoC電子商取引というように用いられる．初期の代表的な成功事例はAmazon.comである．Amazon.comは，世界初のインターネット書店として1994年にアメリカでスタートした．その後，欧州各国，日本など営業地域を広げ，取り扱い品目も本以外にCD，DVD，エレクトロニクス，ソフトウェア，おもちゃなど拡張し，成長を続けている．日本でも楽天がインターネット・ショッピングモールとして成功し，その後多くのネット通販事業者が登場した．また既存の専門店，量販店，メーカーがインターネット販売を兼業するケースも増えている．

　インターネット上の仮想店舗で消費者はいつでもショッピングができるようになった．書籍，CD，旅行などの商品から普及したが，今日ではネット上の総合的ショッピングモールでさまざまな商品が販売されている．日本におけるBtoC電子商取引の市場規模は年々増加しており，2004年には564.3兆円に達

したが，電子商取引化率は2.1%に過ぎない（経済産業省・次世代電子商取引推進協議会・NTTデータ経営研究所，2005）．書籍販売のAmazon，ショッピングモールの楽天等が代表的なBtoCの電子商取引サイトである．

(3) BtoB電子商取引

BtoBは，企業対企業を意味しており，一般に生産財や法人向け製品，サービスに関する企業と企業の売買のことである．今日では，電子商取引の中で企業対企業（企業間）の取引をBtoB電子商取引とよぶ．売り手企業のインターネットサイトに電子カタログを掲載し，買い手企業が発注したり，逆に買い手企業が調達物件の仕様をインターネットサイトに掲示し，売り手企業が応札するといった形態の取引が行われる．

BtoB電子商取引は既存の取引先との取引情報の交換を電子化していくアプローチもあるが，電子商取引を支援する事業者を介して取引を行う場合もある．そのような売り手企業と買い手企業を仲介する機能をeマーケットプレイス（電子市場）といい，1990年代に多くの事業者が誕生した．初期の成功事例は，GEグループの情報サービス会社GEIS（GE Information Services）が提供したTPN（Trading Process Network）であった．

事例：GEのTPN

TPNは，企業の入札等による調達手続きを電子化し，インターネット上で行うことを可能とするシステムである．1994年からGEと取引企業とのエクストラネットとして運用し始めたものがベースになっている．供給会社を競わせ価格低減を図り，グループ全体で購買費用を削減することが目的であった．たとえば，GE Aircraft Engineの取引先は，それまで700社に過ぎなかったが，エクストラネットを利用することで調達先候補はGE全社が有する2500社に広がった．そして，入札価格は10%～15%下がり，トータル購買費用を30%削減できた．加えて，購買プロセスのリードタイムも半減した．

TPNはこのエクストラネットを外部サービス化したものである．Hewlett-Packardや Chrysler 等も発注企業として参画している．95年度には2億5,000万ドルの調達に対して800社が対応した．TPNはいくつかの機能メニューをもっていた．TPN Postはそのひとつで，インターネット上の売買を仲介する．購買者はインターネットブラウザで見積依頼を作成し，それをインターネットを通して複数のサプライヤに送付し，その結果から仕入先を決定する．TPN Martは，インターネット上での商品カタログベースの仮想市場である．発注企業は，一般市場より低い価格メリットに加え，伝票や事務の削減，在庫削減の効果を得ることができた．

　TPNと同様な試みは日本でも進められている．日立製作所はそれまでのVANサービス（HITVAN）をインターネット対応に拡張し，BtoBの会員制マーケットプレイス，TWX-21を構築した．グループ企業を中心とする会員企業に対して，取引のためのEDI機能，公開見積サービス，リバースオークションを用いた見積評価サービス，電子カタログ公開サービス等を提供している．2006年現在，35,000社が会員登録し，取引をしている．

　しかし，eマーケットプレイスについては，1990年代後半に，鉄鋼，化学，電子部品など業界別の事業者が多数立ち上がったが，2000年のITバブル崩壊以降多くは撤退した．総体的には，売り手と買い手の相対ネットワークや特定企業間ネットワークを中心に，BtoB電子商取引も年々拡大している．2004年の日本の市場規模は102.7兆円，電子商取引化率は14.7％となった（経済産業省・次世代電子商取引推進協議会・NTTデータ経営研究所，2005）．

(4) EDI

　BtoB電子商取引のための重要な基盤技術にEDI（Electronic Data Interchange：電子データ交換）がある．EDIは，組織間で取引を行う際，発注や請求といった伝票や文書を通信ネットワークを介して電子的に交換することであ

る．事務処理を効率化し，スピードアップすることができる．日本では，1985年の通信自由化を機に業界VANの構築が相次ぎ，EDIの普及が加速した．そして1990年代以降のインターネット普及にともなうBtoB電子商取引の発展につながった．複数の売り手と買い手がEDIを行う場合，やり取りする電子的情報の通信プロトコルやメッセージの形式，さらには取引プロセスに関する標準的な規約が必要である．国内では，チェーンストア業界のJCA手順，電機業界のEIAJ標準等の業界標準がまず普及した．その後，欧米ではUN/EDIFACTが主流であったのに対して，国内では通商産業省がCII標準の開発を推進してきた．

2. ITによる取引形態の変化と評価

(1) 電子商取引の2つのタイプ

電子商取引の発展は，企業間関係を変化させつつある．電子商取引は，売り手にとっても買い手にとっても，売買に関する作業の効率化とスピードアップ，意思決定の良質化などさまざまな利便性を提供する．電子商取引をみると，特定取引先間の電子商取引と，多数の取引先間の電子商取引とに分けられ，両者はITの異なった活用の方向である．BtoCの場合，基本的には買い手として多数の消費者を対象にしたものであるが，BotBに関しては双方のパターンが存在する．

特定企業間の取引を電子商取引化する場合は，ITは双方の取引に関する既存業務の効率を抜本的に改善する．企業間の業務と組織が情報ネットワークによって強固に結び付けられ，受発注，納品，請求といった取引データをはじめ，販売情報，在庫情報，生産計画などの分析と計画に関する情報をも共有することによって，組織間の壁をなくした一体的な業務運営がなされることになる．

これに対して，多数の取引先との電子商取引は，ITによって「市場」としての機能を純化するものである．購買者が商品を購入する場合，候補となる商品群を容易にリストアップすることができ，性能や特性，価格といった条件を

短時間で比較することができる．また，購買の場所的，時間的制約が小さくなることから，購買の意思決定は商品特性と価格によって決定されやすくなる．それによって，購買者はより適切で合理的な購買意思決定をすることができるようになった．情報ネットワークを介して商品や企業に関する情報が関係者に流通することにより，取引に関する市場としての完全性がより高まるのである．

(2) 取引形態選択における取引コストと調整コスト

　経済学や産業組織論においては，古くから市場と組織との対比が議論された．経営学においても，市場と組織の選択は組織デザイン上のテーマであった．調達に関して，「垂直統合し，原材料・部品を内製化するか，それともサプライヤから購入するか」，あるいは販売に関して，「販売機能を内部化した方がよいか，それとも一般の卸売・小売業者を介して販売することがよいのか」という命題である．

　この点を取引費用の視点から議論を深めたのがコース（Coase, R.）とウイリアムソン（Williamson, O. E.）である．コース（Coase, R., 1937）によれば製品・サービス自体以外に取引にともない付加的なコストが生じる．これを取引費用といい，取引費用を低減できるかどうかによって経済活動の組織化と市場と企業との関係が決定される．取引費用としては，需要調査，広告宣伝・マーケティング費用，購買製品，取引相手の探索，取引相手の信用評価，契約履行の管理等にかかわるコストが含まれる．

　ウイリアムソン（Williamson, O. E., 1975）は，不確実性・複雑性と取引主体の少数性という環境要因と限定された合理性と機会主義という取引主体要因によって市場と組織の選択が決定されると指摘している．不確実性・複雑性が大きく，限定された合理性が問題となる状況においては，それを補完するための活動，情報処理が取引費用を高める．また，取引相手が少数の場合，機会主義的行動が取られやすいため，それを回避するための取引費用が増加する．取引費用が大きい場合，市場ではなく垂直統合による内部組織化を指向する．

垂直統合により内部組織化する場合，財の流れは，市場による調整の代わりに，階層型組織による計画とコントロールによって調整される．そのため内部調整費用が生ずることになる．したがって，市場と組織のどちらを選択するかは，取引費用と垂直統合による内部調整費用とのトレードオフによる．

(3) 電子的市場対電子的組織とITの効果

取引形態の特性がITにより変化する中で，企業は個々の事業の調達や販売に関して，適切な取引形態を選択していく必要がある．経済学では，情報の完全性，取引費用（後述）ゼロ，が完全市場の要件であるとしている．電子商取引は，ITを用いることにより，完全市場に近づくのである．その一方，ITは垂直統合組織や中間組織（企業間の戦略提携，系列組織）のための管理，調整の手段を提供し，内部調整コストも低減する．では，個々の業界において，ITはどのような影響を与え，業界の取引構造を変化させるのであろうか．この点に関して，トーマス・マローンら（Malone, T. W. et al., 1994）は，つぎのように論じている．

ITが市場と垂直統合や系列組織に与える影響の要因として，電子的伝達効果，電子的仲介効果，電子的統合効果の3つがあげられる．電子的伝達効果とは，単位時間あたりにより多くの情報を，低コストで送れることであり，これは市場と系列組織，垂直統合組織にかかわらずあらゆる組織に効果を与える．電子的仲介効果は，ネットワークとデータベースによって売り手と買い手の需要・供給をマッチングさせるもので，市場に対してより大きな利益を生じさせる．電子的統合効果は，情報の高速な伝達によってもたらされる副次的効果であり，情報創造，プロセス革新等を生む効果である．

マローンらは，これらの効果によって，大きな流れとしては系列市場から自由市場へのシフトがおこるが，資産の特殊性が高く，製品仕様が複雑な場合電子的系列市場が適している場合があるとしている．国領（1995）も電子市場と「オープン型経営」が普及する過程で，企業同士が強い連結関係を結び「戦略

提携型ネットワークを」形成するケースも多いと指摘している.

(4) クリック&モルタル

IT化によるインパクトを評価し，適切なビジネスモデルや新規ビジネスを戦略的に立ち上げる必要がある．しかし，商取引やビジネスがすべてネット上で電子的に行うことは不可能であり，非現実的である．既存のビジネス形態とITの良さを組み合わせた仕組みを模索する必要がある．

このような観点から，クリック&モルタル（click and mortar）というアプローチの有効性も指摘されている．クリックは，マウスのボタンを押すことであり，ここではインターネット上で簡単に情報や商品にアクセスできる世界を意味する．モルタルは，壁，床，天井用の建材であり，ここでは現実の世界を意味する．このような比喩から転じて，インターネット上の店舗と実在の店舗を併用し，相乗効果をあげる方法をクリック&モルタルという．レンガとモルタルで作られた昔の銀行の建物はブリック&モルタルとよばれていたが，クリック&モルタルはそれをもじったものである．

この言葉を使い始めたのはアメリカの証券会社チャールズ・シュワブの社長兼共同CEOだったデビット・ポトラック（Pottruck, D. S.）といわれる．シュワブは，投資相談などのサポートは実在の店舗で対応し，取引はインターネットで行うというクリック&モルタルを採用し，成功を収めた．

3. ITによるビジネスモデル革新の類型

(1) アンバンドリング

組織編制の潮流は組織の成長や歴史の流れとともに変遷してきた．組織が大規模化する中では，まず機能別の分化がなされる．販売，生産に特化した組織を編成し，個々の機能における規模の経済を享受した．しかし，市場へのきめ細かな対応を迅速に行うために，その後事業や商品の軸から業務プロセスや組織が再編される．1990年代には，リエンジニアリング・ブームの中で，多く

第7章 ITによるビジネスの革新と創造

の企業で取り組まれた．その後は，ITの進展にともない，組織のつながり方や組織編制の原理がさらに変化した．

ヘーゲルⅢ世とシンガー（Hagel Ⅲ, J. and M. Singer, 1999）は，IT革新にともないアンバンドリングが進むと指摘した．ここでいうアンバンドリングは組織の「解体」を意味する．具体的には，企業は性質が異なる3種類の業務のいずれかに集中し，他の2つの業務は他企業に委託するようになるという．ここで3種類の業務とは，インフラ管理業務，顧客関係管理業務，製品・サービス革新業務の3つである（図表7-1）．

インフラ管理業務は，生産・ロジスティクスにかかわる日次の継続的な業務を運用・管理する業務である．オペレーション体制や設備を維持・管理し，稼働率と業務効率を高め，コスト低減を図ることが重要な管理ポイントとなる．そこに働く経済原理は規模の経済である．インフラ管理に特化した企業として

図表7-1　アンバンドリングと3種類の業務

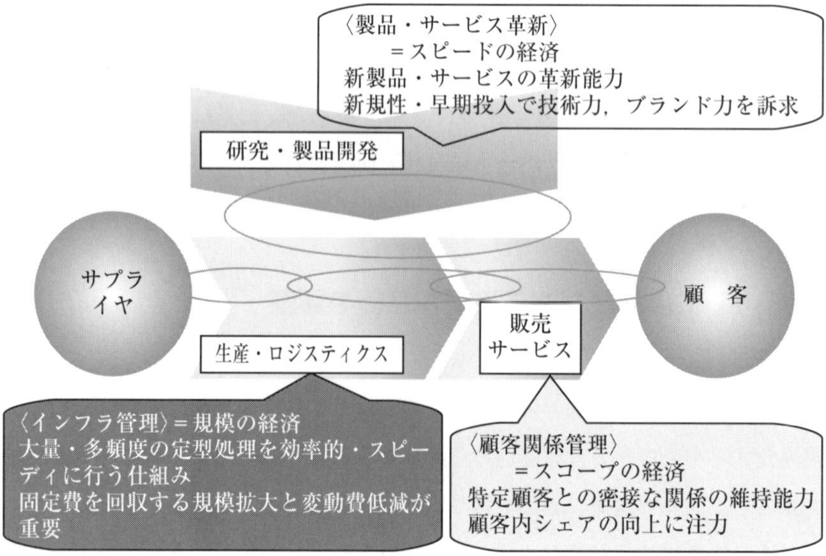

〈製品・サービス革新〉
＝スピードの経済
新製品・サービスの革新能力
新規性・早期投入で技術力，ブランド力を訴求

研究・製品開発

サプライヤ　　　生産・ロジスティクス　　販売サービス　　顧客

〈インフラ管理〉＝規模の経済
大量・多頻度の定型処理を効率的・スピーディに行う仕組み
固定費を回収する規模拡大と変動費低減が重要

〈顧客関係管理〉
＝スコープの経済
特定顧客との密接な関係の維持能力
顧客内シェアの向上に注力

出所）Hagel Ⅲ and Singer（1999）をもとに筆者作成

は，フェデックス等の物流事業者，ソレクトロン等の EMS (Electronics Manufacturing Service：電子機器製造受託サービス) 会社がある．

　顧客関係管理業務は，顧客セグメントを特定し，顧客との関係を深く築き，顧客の代理人として必要な商品・サービスの提供を支援する業務である．特定の顧客に対して，さまざまなニーズに応えることが付加価値増大につながり，範囲の経済を求めていく必要がある．顧客関係業務に特化した事業例としては，家庭医，資産運用アドバイザー，顧問弁護士などがある．

　製品・サービス革新業務は，技術や市場の動向から，革新的な新製品，新サービスを開発する業務である．有能な人材と革新的な組織文化を育むことが重要である．競争力の源泉は，スピードの経済であり，他社を上回るスピードで革新し続けることが求められる．製品・サービス革新業務に特化した企業としては，半導体アーキテクチャ技術をライセンス供与している MIPS テクノロジーなどのファブレス企業である．

　ヘーゲルⅢ世とシンガー (Hagel Ⅲ J. and M. Singer, 1999) は，アンバンドリングは，単に組織が分解されるだけではなく，より大規模な統合を実現する前提条件でもあると指摘している．

　エバンスとウースター (Evans, P. and T. S. Wurster, 1999) は，情報のリーチとリッチネスという観点から，組織のデコンストラクション（事業構造の創造的破壊と再構築）を論じている．リーチは，情報の到達範囲であり，情報交換を行うメンバーの数である．リッチネスは，情報の量，質，信頼性などに関する情報価値の密度を表す．従来，リーチとリッチネスはトレードオフの関係にあったが，ITの利用により，トレードオフが消滅しつつある．それによって，組織を統合する必要性がなく，デコンストラクションが促進される．

　このような産業構造の転換が進む今日，ビジネス・プロセスの要素間の相互関係のパターンをビジネス・アーキテクチャ（藤本隆宏・武石彰・青島矢一, 2001）として捉え，組織内の構造，組織間の構造をアーキテクチャ論の面から検討することが，付加価値の源泉や持続的競争優位を議論するうえで重要となる．

（2）ビジネスモデル革新の類型

IT革新は，なお進展中であり，常に新たなビジネスモデルが創造されている．ここでは，電子商取引やアンバンドリングの動向をふまえ，ITによるビジネス革新の大きな方向性を体系的に整理しておく．図表7－2は，取引方針と組織間構造との関係からITを活用した4つのビジネスモデル革新の類型を示したものである．

取引方針は，クローズ型とオープン型に区分される．クローズ型は特定取引先との継続的な取引を志向するものであり，オープン型は不特定多数との取引を志向するものである．ITは，特定取引先との取引プロセスをより密連携することを可能とする一方，不特定多数との取引機会を増大させる．

組織間構造は，垂直的取引関係の中で，同一組織または戦略提携による垂直的統合を強めるか（垂直統合型），事業主体の分解がされるか（デコンストラクション型）を示す．商材によって異なるが，流通構造は数段階の業者により構成される．消費財の最寄品であれば，製造業～一次卸～二次卸～小売～消費

図表7－2　ITによるビジネスモデル革新の類型

組織間構造	取引方針	特定（クローズ）	不特定多数（オープン）
垂直統合 ・密結合 ・中抜き		戦略提携ネットワーク 例：P&G=Walmart	ネット直販（ダイレクト・モデル） 例：デル，シスコ，SABRE
デコンストラクション ・新事業創造		BtoBプラットフォーム 例：TPN，プラネット，TWX-21	オープン電子市場 例：Amazon，楽天

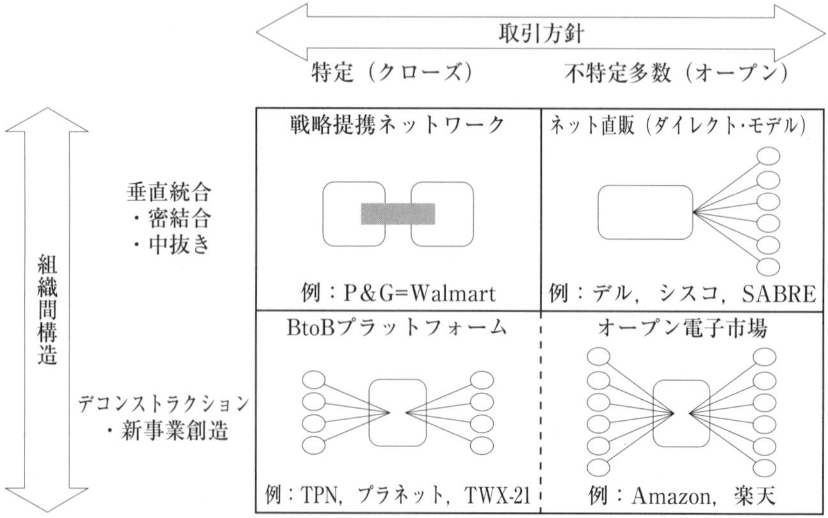

者というように多段になっている．IT は，中間流通の「中抜き」により，垂直統合をすることも促進するが，一方で IT ベースの新たな仲介ビジネスを生む．

取引方針と企業間構造の変化の組み合わせから，4つの IT を活用した新たなビジネスモデル革新の類型を示すことができる．

① 戦略提携ネットワーク

特定企業間の戦略提携に基づき，情報ネットワークを介して，受発注情報や在庫等の情報を交換し，企業間の販売，生産，調達といったオペレーションを高度に調整する取引形態を指す．EDI による取引情報の交換が中核であるが，交換する方法の範囲は広まり，相互の業務活動が強固に連携するようになっている．

1980 年代の中ごろ，ウォルマート，リーバイ・ストラウス等の北米のアパレル業界で始められた QR（Quick Response：クイックレスポンス），1990 年初頭にアメリカの加工食品産業界で実施された ECR（Efficientconsumer Response：効率的消費者対応）がその奔りである．メーカー，卸売業者，小売業が商品コード標準化，EDI（電子データ交換）によって商品や取引の情報交換をするとともに，CRP（Continuous Replenishment Program：連続自動補充プログラム），カテゴリーマネジメントといった手法が導入された．ウォルマートと P&G の取り組みが，初期の ECR の成功事例として報告されている．

CRP は，小売業が在庫管理を行うとともに，店頭販売を POS で把握し，販売量に応じて情報システムで自動的に商品を補充発注する仕組みである．CRP によって，在庫の適正化，品切れの防止が図られ，その結果在庫回転率の向上につながる．CRP を発展させ，メーカーと流通業者間で VMI（Vendor Managed Inventory：供給業者主導在庫管理）を導入するとさらに有効である．VMI では，このような在庫管理は供給業者が行い，供給業者の責任で適宜自動的に補充する．VMI を導入する際，購買業者と供給業者と両者で契約を締結するとともに，在庫管理と補充発注のための情報システムの連携が必要とな

る．CRPやVMIによって受発注業務の効率化や，在庫の削減と販売機会の増大が図られる．

このような企業間の連携は，近年ではさらに高度化し，CPFR（Collaborative Planning Forecasting and Replenishment）といった概念に発展している．販売情報，在庫情報，需要予測，生産計画，販売計画を共有し，業務プロセスのより密な連携が図られている．

② ネット直販（ダイレクト・モデル）

ネット直販は，情報ネットワークとITを用いてメーカーが販売するうえで最終顧客に直接販売することである．メーカーのインターネットWEBサイトで直接顧客が注文し，それに基づき顧客に商品を配送する．

最も典型的な成功企業はデルである．デルは，パーソナルコンピュータ（PC）業界の中で，初めてダイレクト・モデルを導入し，業界のトップ企業に躍進した．それまで，PCは，メーカーからディーラー，販売店などの流通網をとおして，最終顧客が購入していた．デルは，最終顧客に直接販売することにより，流通コストを省き，高い価格性能比で商品を提供することが可能となった．また，店頭在庫を前提にしない販売方式であるため，注文後に最終組立生産することが可能となり，低在庫水準を達成できた．

③ BtoBプラットフォーム

プラットフォームは産業における基盤的事業を指し，商流，物流，金流，情報流の基盤的サービスにより企業間や企業消費者間の取引を支援するビジネスをプラットフォーム・ビジネスという（國領二郎，1995等）．広義には，卸・商社などの中間流通，物流サービス，クレジットカードサービス，通信サービスなどが相当するが，ここでは情報ネットワークを核にして売り手企業と買い手企業の間の取引を支援する形態を指す．基本的にはプラットフォームは，取引の支援機能の提供であり，プラットフォーム自体が商品を所有し，販売するわけではない．

國領（1995）によれば，プラットフォーム・ビジネスは，① 取引相手を探

索する，②信用（情報）を媒介する，③取引の経済価値を第三者的に評価する，④標準的な取引手順を提供する，⑤物流など関連の諸機能を統合する，という機能を提供する．BtoBにおいては，プラットフォームが参加者の信用を保証することが重要であり，参加者である売り手，買い手は不特定でなく，資格などの審査が必要となる場合が多い．

代表的なプラットフォームとしては，前掲のTPN，日本の日用雑貨業界の流通ネットワークであるプラネット，日立グループの企業間EC仲介サービスであるTWX-21などがある．

④ オープン電子市場

売り手と買い手のオープンな取引を仲介する市場機能である．ここでオープンとは，買い手に関しては排他的ではなく誰でもが購買可能であること，会員制であっても，特段厳しい資格条件が設けられていないことを意味している．

前掲のAmazonや日本最大のオンライン・ショッピング・モールである楽天がこのタイプに相当する．Amazonは，書籍，CDを直接販売するが，楽天はテナントに「場」を貸与することにより電子商取引を支援し，商流には直接かかわっていないという違いに注意が必要である．

4. ITによる新たなビジネス

(1) インフォミディアリ

ITは商品の流通だけでなく，情報の流通も変化させており，しかも情報に対する価値をより高めている．その結果，情報自体が付加価値の高い商品になっており，「情報・知識」という財を電子的に直接取り扱う事業が創造されるようになった．Dialog, LexisNexis等のデータベースサービス事業や，Reuters, Bloombergといった金融情報サービス事業が相当する．しかし，情報経済が進展する中で新たなビジネス形態が登場している．前節では，ITによるビジネスモデルの革新を検討したが，産業構造が転換する中で，eマーケットプレイスという独立した事業体が生じたのはその一端である．

工業経済は廃棄物を生成するが，それをうまく活用することがイノベーションにつながる．廃棄ガスをリサイクルするターボチャージャーなどである．デイビスとデビッドソン（Davis, S. and B. Davidson, 1991）は，ITビジネスの新たな形態を，情報経済も排気を生み出すが，これをターボチャージできることに喩えた．情報経済では，ターボチャージできる情報が生まれるチャンスがあらゆる産業に存在する．そして，新たな情報サービス事業が生まれ，しばしば情報発信源のビジネスよりも価値のあるものとなる．たとえば，ルパート・マードックは，テレビ番組表をまとめた定期刊行物であるTVガイドを20億ドル強で買収した．これは，3大テレビ・ネットワークの市場評価額を超えるものであった．

デイビスとデビッドソン（Davis and Davidson, 1991）は，工業経済の物的な仲介業者に代わり，情報経済では売り手と買い手を結びつけるうえで情報のさまざまな形態や機能を活用する企業であるインフォメディアリ（infomediary）が発展すると指摘した．インフォメディアリは，情報（information）と仲介業（intermediary）を組み合わせた造語であり，情報仲介業または情報を武器にした仲介業を意味する．たとえば，価格.comは，インターネット店舗のさまざまな商品の価格情報を集め，情報提供するサイトである．このサイトは，消費者とインターネット店舗が情報をやり取りする場になっており，その価値によって手数料，広告料などの収益をえている．

事例：SABRE

前章では，戦略情報システムの事例としてアメリカン航空のSABREを紹介した．SABREは，アメリカン航空が予約業務の効率化，スピードアップを目的としてシステム化したものであるが，それが自社便の予約を誘導し，その結果シェアを高めるというように競争優位の構築に貢献することになった．

重要な点は，その後に続く派生的な収益の拡大である．コンピュータ予約システム（CRS：Computer Reservation System）のネットワークを用いて，航空

券の予約だけでなく，ホテル，レンタカーの予約機能も提供し，そこからの販売手数料により収益を拡大した．SABRE は航空券予約ネットワークの上にさまざまな商品・サービス情報を流通させることにより，航空事業から独立した情報サービス事業として育ったのである．

本業からインフォメディアリを創造した日本の事例としては，カルチュア・コンビニエンス・クラブ（CCC）がある．CCC は，本業である TSUTAYA のレンタルビデオ事業の拡大で生まれた顧客資産を活かし，企業からのマーケティング調査や販促キャンペーンの支援を事業として手がけている（歌代豊，1997）．

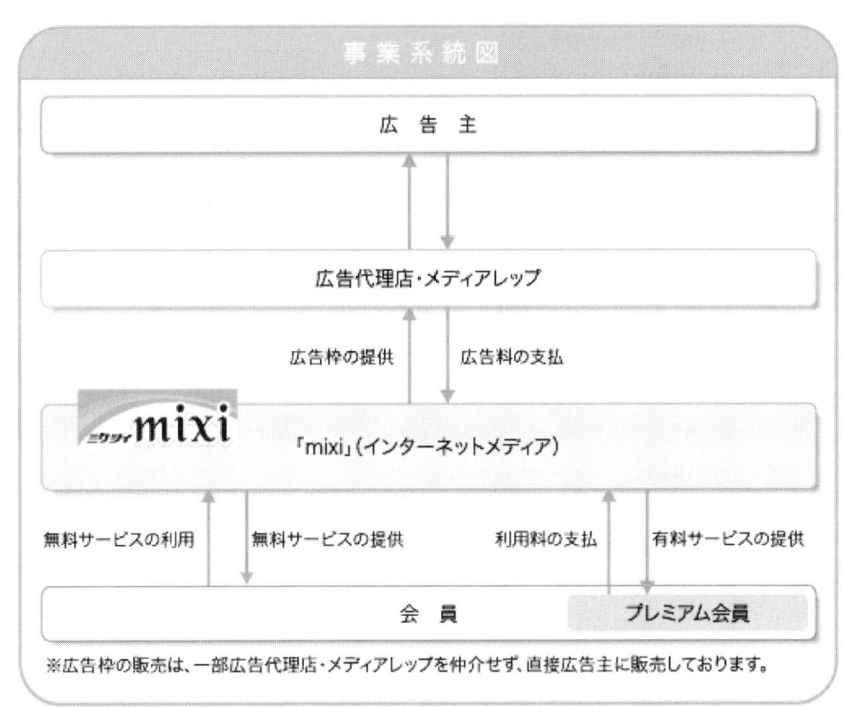

図表７－３　ミクシィの事業形態

```
                        事 業 系 統 図
                          広 告 主
                             ↕
                    広告代理店・メディアレップ
                    広告枠の提供 │ 広告料の支払
                             ↓
           mixi       「mixi」（インターネットメディア）
    無料サービスの利用│無料サービスの提供│利用料の支払│有料サービスの提供
                             ↓
                         会 員       プレミアム会員
```

※広告枠の販売は、一部広告代理店・メディアレップを仲介せず、直接広告主に販売しております。

出所）ミクシィ・ホームページ

(2) コミュニティ・ビジネス

CCCの事例が示すように，大量の顧客ベースは副次的な事業機会を生む．インターネットの普及にともない，多くのコミュニティが生まれているが，そのコミュニティを基礎にして事業に育てていくというアプローチがある．ソーシャル・ネットワーク・サービス（SNS：Social Networking Service）の事業形態もそのひとつのアプローチといえる．ミクシィは，わが国におけるSNSサービスの立ち上げにいち早く成功した．2006年にIPO（新規株式公開）したが，SNSで得た顧客資産をベースにした広告収入を初めとした事業展開に関して，投資家から大きな期待が寄せられている（図表7-3）．

演・習・問・題

問1　関心ある商品を取り上げ，製造－流通構造を調べ，企業間取引の関係を本章で示したビジネスモデル革新の類型に照らして整理しなさい．

問2　上記の企業間取引の中で情報ネットワークはどのような役割を担っているか述べなさい．

問3　ITを活かした新規事業の成功事例を1つ取り上げ，成功要因を論じなさい．

参考文献

Coase, R. (1937) "The Nature of the Firm," *Economica, 4.*

Davis, S. and B. Davidson (1991) *2020 VISION*, Simon & Schuster.（寺本義也監修・学習する組織研究会訳『近未来ビジネス戦略』産能大学出版部，1994年）

Evans, P. and T. S. Wurster (1999) *Blown to Bits: How the New Economics of Information Transforms Strategy*, Harvard Business School Press.（ボストン・コンサルティング・グループ訳『ネット資本主義の企業戦略』ダイヤモンド社，1999年）

Hagel III, John (2002) *Out of the Box*, Harvard Business School Press.（遠藤真美訳『今こそ見直したいIT戦略』ランダムハウス講談社，2004年）

Hagel III, John and M. Singer (1999) "Unbundling the Corporation," *Harvard Business Review*, Vol. 77, No. 2.（中島由利訳「アンバンドリング：大企業が

解体されるとき」『ダイヤモンド・ハーバード・ビジネス・レビュー』4-5月号, 2000 年)

Malone, T. W, Yates, J. and R. I. Benjamin (1994) "Electronic Markets and Electronic Hierarchies," in Allen, T. J. and M. S. S. Morton (eds.), *Information Technology and the Corporation of the 1990s : Research Studies*, Oxford University Press. (富士総合研究所訳「情報化による市場取引構造の変化」『アメリカ再生の「情報革命」マネジメント』白桃書房, 1995 年)

Porter, M. E. and V. E. Millar (1985) "How information gires you competitive advantage," *Harvard Business Review*, July-August. (「進展する情報技術を競争優位にどう取り込むか」『ダイヤモンドハーバードビジネスレビュー』10-11 月号, 1985 年)

Williamson, O. E. (1975) *Markets and Hierarchies*, Free Press. (浅沼萬里・岩崎晃訳『市場と企業組織』日本評論社, 1980 年)

歌代豊 (1997)「カルチュアコンビニエンスクラブ―情報資産ベース企業の萌芽」浅田孝幸編『経営情報ネットワークの理論と実際』東京経済情報出版所収

歌代豊 (1998)「情報ネットワークと企業間コーディネーション〜EC は企業間関係をどのように変えるか」『企業会計』Vol. 50, No. 3

経済産業省・次世代電子商取引推進協議会・NTT データ経営研究所 (2005)『平成16年度電子商取引に関する実態・市場規模調査』

國領二郎 (1995)『オープン・ネットワーク経営―企業戦略の新潮流』日本経済新聞社

藤本隆宏・武石彰・青島矢一 (2001)『ビジネス・アーキテクチャ』有斐閣

ミクシィ・ホームページ

http://mixi.co.jp/ir/business.html

《推薦図書》

1. 國領二郎 (1995)『オープン・ネットワーク経営―企業戦略の新潮流』日本経済新聞社

    ネットワークの普及にともなう企業間関係の変化が論じられている.

2. Moschella, D. C. (1997) *Waves of Power*, Amacom. (佐々木浩二訳『覇者の未来』IDG コミュニケーションズ, 1997 年)

ITの歴史的変遷をITサービス産業側から分析している．IT産業の戦略を考える上でも示唆的である．
3. Hagel Ⅲ, John (2002) *Out of the Box*, Harvard Business School Press.（遠藤真美訳『今こそ見直したいIT戦略』ランダムハウス講談社，2004年）
　　ウェブ・サービスがビジネスや組織に与える影響を展望している．
4. 加護野忠男・井上達彦（2004）『事業システム』有斐閣
　　事業の仕組み＝事業システムを，組織論，戦略論，マーケティング論，経営情報論の既存理論をふまえ，体系的に論じている．

第Ⅲ部
ITのガバナンスとマネジメント

情報・知識管理

第Ⅳ部
ナレッジマネジメント

第Ⅰ部
ITと価値連鎖マネジメント

第Ⅱ部
ITと経営戦略

第Ⅲ部
ITのガバナンスとマネジメント
第8章 ITガバナンス
第9章 IT投資評価マネジメント
第10章 ITの企画開発とプロジェクト・マネジメント
第11章 情報セキュリティとリスクマネジメント

第8章の要約

　ITを戦略的に活用し，その成果を結実していくためには，ITの適用と運用に関する適切なマネジメントが求められる．本章では，このような観点からITガバナンスを検討する．まず，コーポレートガバナンスの一環として重要となってきたITガバナンスの経営における位置づけを明らかにするとともに，ITガバナンスのフレームワークであるCOBITを概観する．そして，その中で特に重要なテーマとなるIT関連組織編制，IT投資マネジメントプロセス，EA（エンタープライズ・アーキテクチャ）について検討する．

第8章 IT ガバナンス

1. コーポレートガバナンスとIT ガバナンス

　企業は，株主，顧客，サプライヤ，従業員など多くのステークホルダーとの関係を維持しつつ，企業価値を高めることが求められている．コーポレートガバナンスは，企業の社会的責任を重視し，ステークホルダーとの利害関係を調整しつつ，企業価値を高めるための統制システムとしてとらえることができる．そのためには，意思決定および監督と業務執行の分離，独立した経営監視などの機関設計，業務執行に関する内部統制などの仕組みが必要となる．

　その一環として，企業経営の中で重要な役割を担っているITに関して適切な意思決定と実行・管理を行い，ステークホルダーに対してもITにかかる必要な説明責任を果たしていく統制システムがIT ガバナンスである．IT ガバナンスには，さまざまな機能が必要となる．図表8－1はコーポレートガバナンスとの関係によりIT ガバナンスの位置づけを示したものである．図では，「経

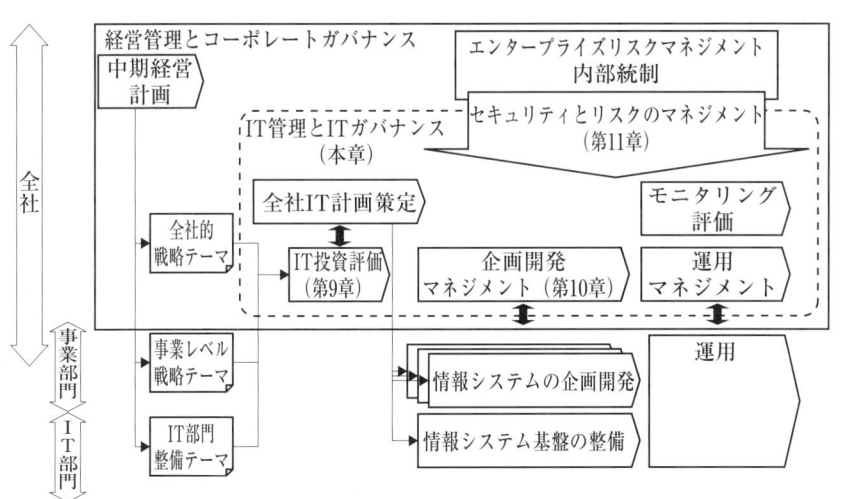

図表8－1　IT ガバナンスの位置づけ

営管理とコーポレートガバナンス」「IT 管理と IT ガバナンス」と表現しているが，経営管理のプロセスを「管理」，そのプロセスに付帯する統制の仕組み・制度を「ガバナンス」とよんでいる．IT 管理としては，経営戦略，事業戦略に基づいた全社 IT 計画，IT 投資評価，企画開発マネジメント，運用マネジメント，モニタリングと評価が中心的なプロセスとなる．このプロセスに対する統制の仕組みが IT ガバナンスである．また，コーポレートガバナンスとのより密接なつながりとして，エンタープライズ・リスクマネジメント（ERM）と内部統制に関しては，IT にかかわる部分が多く IT ガバナンスとしても重要な要素となる．

2. IT ガバナンスのフレームワーク― COBIT を中心に

(1) COBIT の概要と経緯

　IT ガバナンスを適切に構築し，運用するためには，IT マネジメントのプロセスを明確化し，その中で基準やルールを設定する必要がある．そのフレームワークとして，COBIT（Control Objectives for Information and related Technology）が参考になる．

　COBIT は，アメリカの IT ガバナンス協会（IT Governance Institute）が作成し，普及を図っている IT ガバナンスのためのフレームワークである．組織が必要とする情報を提供するための IT，および関連するリスクを管理するための基準が示されている．1996 年に COBIT 第 1 版が発行され，34 の IT プロセス，5つの IT 資源，7つの IT 基準からなるフレームワークが提示された．2000 年の第 3 版では成熟度モデルが取り入れられ，マネジメントガイドラインが追加された．さらに，2005 年に，COBIT 4.0 が発行された．以下では，COBIT 4.0 に基づき，IT ガバナンスのフレームの概要を示す（図表 8 - 2）．

(2) COBIT のプロセス

　COBIT では，計画と組織化，調達と開発，サービス提供とサポート，モニ

図表8-2　COBITのプロセス

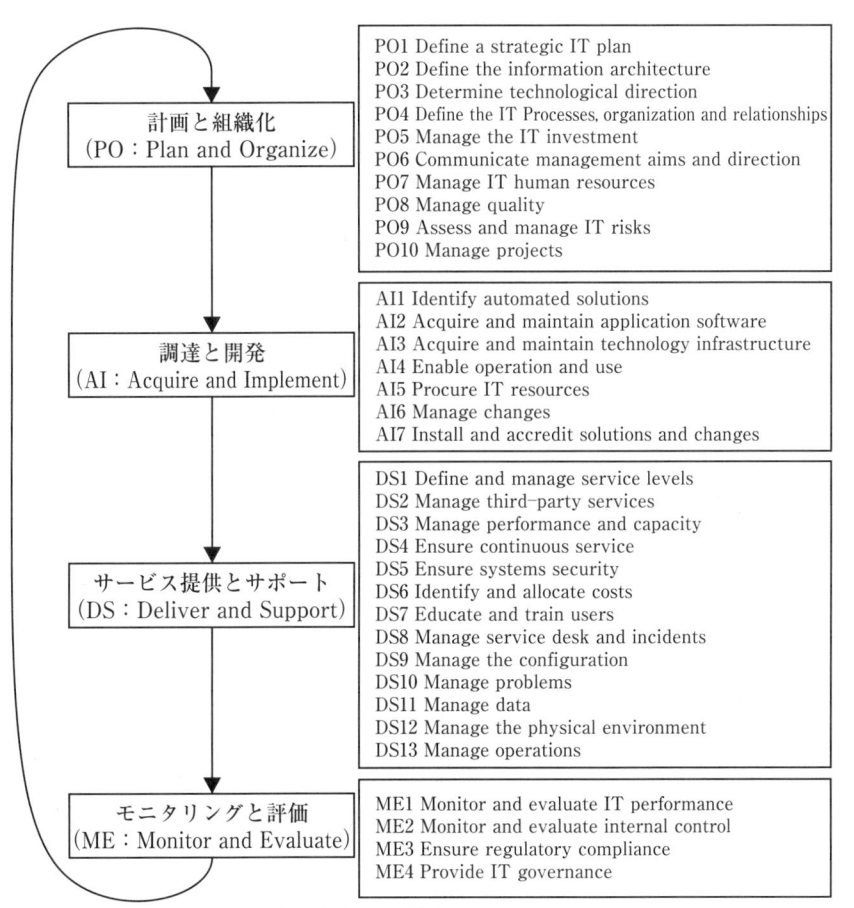

領域	プロセス
計画と組織化 (PO：Plan and Organize)	PO1 Define a strategic IT plan PO2 Define the information architecture PO3 Determine technological direction PO4 Define the IT Processes, organization and relationships PO5 Manage the IT investment PO6 Communicate management aims and direction PO7 Manage IT human resources PO8 Manage quality PO9 Assess and manage IT risks PO10 Manage projects
調達と開発 (AI：Acquire and Implement)	AI1 Identify automated solutions AI2 Acquire and maintain application software AI3 Acquire and maintain technology infrastructure AI4 Enable operation and use AI5 Procure IT resources AI6 Manage changes AI7 Install and accredit solutions and changes
サービス提供とサポート (DS：Deliver and Support)	DS1 Define and manage service levels DS2 Manage third-party services DS3 Manage performance and capacity DS4 Ensure continuous service DS5 Ensure systems security DS6 Identify and allocate costs DS7 Educate and train users DS8 Manage service desk and incidents DS9 Manage the configuration DS10 Manage problems DS11 Manage data DS12 Manage the physical environment DS13 Manage operations
モニタリングと評価 (ME：Monitor and Evaluate)	ME1 Monitor and evaluate IT performance ME2 Monitor and evaluate internal control ME3 Ensure regulatory compliance ME4 Provide IT governance

出所）IT Governance Institute（2006）をもとに作成

タリングと評価という4つの領域に関して34のITプロセスが定義されている（図表8-2）．この4つの領域は，ライフサイクルからみたITガバナンスのPDCAサイクルになっている．

① 計画と組織化（PO：Plan and Organize）

計画と組織化は，全社ITの方針，計画，投資管理などに関する10のプロセスから構成されている．まず，ITの利用機会とITの利用ニーズからIT戦

略計画を策定する．加えて，情報アーキテクチャを定義し，採用する技術方針を決定し，IT関連のプロセスと組織および両者の関係を定義する．そして，IT投資やプロジェクトに関して，予算，コスト，便益を管理する．その他，関係者へのコミュニケーション，品質，人的資源，IT資産とリスクを管理する．

② 調達と開発（AI：Acquire and Implement）

調達と開発は，ITを活用したソリューションの調達と開発に関する7つのプロセスから構成されている．ITを用いたソリューションの適用テーマを識別し，そのための情報システムおよび技術基盤の調達・開発を管理する．そして，ソリューションの運用と利用のための計画・準備を行う．その過程をとおして，変更管理と品質保証を行う．

③ サービス提供とサポート（DS：Deliver and Support）

サービス提供とサポートは，ITを用いたソリューションサービスの提供とサポートに関する13のプロセスから構成されている．サービスレベルを定義し，オペレーション管理を行う．サードパーティサービス（外部サービス業者）を利用した場合その管理を行う．費用の適切な認識と配賦を行う．その他，利用者の教育訓練，パフォーマンスと資源容量の管理，構成管理，データ管理，設備環境管理が含まれる．また，事故や問題を管理し，システムセキュリティとサービス継続を保証する．

④ モニタリングと評価（ME：Monitor and Evaluate）

モニタリングと評価は，運用状況に関するモニタリングと評価に関する4つのプロセスから構成されている．IT効果と内部統制をモニタリングし，評価するとともに，法規制遵守を保証する．また，これらをとおしてITガバナンスの仕組みを整備していくことにつなげる．

(3) ITガバナンス上必要となる情報の基準

COBITは，ビジネス要件に対応するために必要となる情報の規準として，次の7つを掲げている．

- 有効性：ビジネスプロセスのスピード，質（正確性等）の十分性を示す
- 効率性：資源利用が経済性，生産性の面から最適であることを示す
- 機密性：機密情報が保護されていることを示す
- 完全性：情報が正確かつ完璧であることを示す
- 可用性：情報が利用できる状態にあることを示す
- 準拠性：法規制を遵守していることを示す
- 信頼性：適切な情報を提供していることを示す

このうち，機密性，完全性，可用性は情報セキュリティの要件であるが，これに加えて，有効性，効率性，準拠性が含まれている点がITガバナンス・フレームワークとしての特徴である．COBITでは，前傾の34の各プロセスにおいて，これらの基準で重要となるものが対応づけられ，整理されている．

(4) 管理のための体系

COBITでは，ITガバナンスのプロセスごとに主要な活動（activity）に加え，重要経営目標，重要IT目標，管理項目，重要指標が示されている．重要経営目標は，そのプロセスによって満たすべき経営要件である．重要IT目標は，その手段としてITで注力すべき点である．重要管理項目は，それを達成のために実施すべき管理ポイントであり，重要指標は測定すべき指標である．

3. ITに関連する組織

(1) IT部門の組織編制

ITに関する企業内の体制も多様化している．伝統的には，本社部門に情報システム部が設置され，情報システムの企画，開発，運用を担当した．これは高価で高度な技術を有するコンピュータを全社で共有し，活用するためである．組織体制の多様化のひとつは，事業部門への分権化である．事業別にビジネスモデルをきめ細かく迅速に戦略展開する必要性が高まっている．そのため，全社共通システムは全社情報システム部門で対応するが，事業部門にもプロセス

およびITの担当部署をおき，サプライチェーンプロセス等の企画，設計を主管させるケースも多くなっている．

すなわち，集権的なIT組織編制から徐々に分権型IT組織に移行している（図表8－3）．近年では，その中間的タイプとして連邦型IT組織が採用されつつある（内山悟志，2003等）．連邦型IT組織では，事業部門の業務システムの企画に関しては事業別IT部門に任せるが，開発・運用に関しては全社のシナジーが得られるよう統括管理される．組織的にも，全社IT部門と事業別IT部門が密接に連携している．

事例：リクルートのFIT

求人情報サービス等を手がけるリクルートは，2000年までは全社インフラと勘定系を担当する情報システム部，各事業別のシステム担当や情報誌を支援するメディア制作局等に情報システム関連組織は分散していた．しかし，2000年4月にFIT（Federation of IT）という新たなIT組織を編成した．これは，

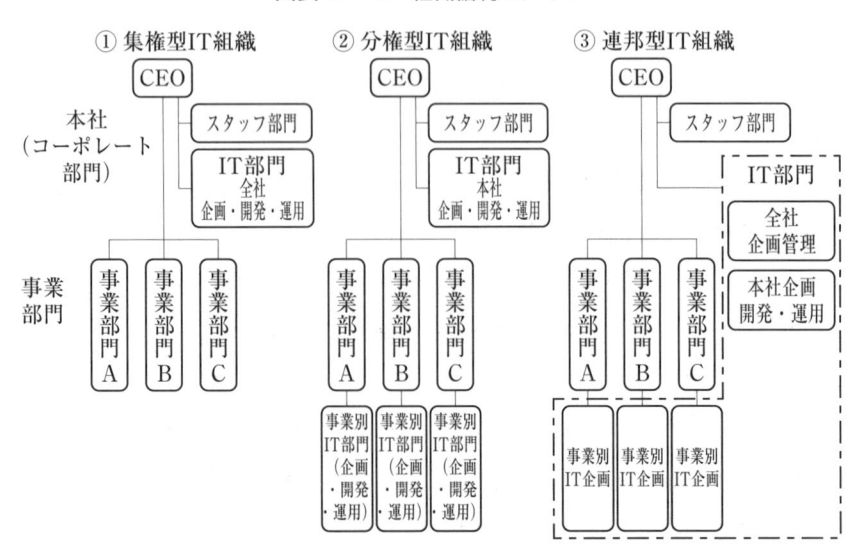

図表8－3　組織編制のタイプ

①集権型IT組織　②分権型IT組織　③連邦型IT組織

急増する各事業でのネット対応や情報誌制作のシステム対応に迅速に対応する現場密着と，人材・ノウハウ・コスト等の全社IT資源を統合的に管理することの双方を高めることを狙いとした措置であった．IT関連の人材はFITに所属しているが，席は事業部側に置き，事業部と一体となって戦略とITを機動的に展開できる体制となった（図表8－3の③の連邦型IT組織の形態）．FITに約150人所属しているが，そのうちの100人は事業部に配置されている．残りの50人は全社共通のシステム・ネットワーク基盤の構築・管理を行うFITセンターと，IT投資マネジメント，開発運用統括，パートナー管理，教育などを担当する企画室に配属されている．

(2) 分社化とアウトソーシング

IT組織に関するもうひとつの変化は，機能的な部門再編と外部活用である．全社的なITの統括・管理機能は，IT企画室等の名称で本社スタッフ部門に残し，開発・運用機能は，分社化することも一般化している．さらには，開発・運用機能は自社内では直接行わず，情報サービス会社に委託する割合も多い．情報システム資産の取得，運用と定期的な開発を含めた情報処理業務を一括して長期契約するアウトソーシングも増加している．しかし，アウトソーシングについては，委託管理を適切に行うことに各社腐心している．SLA（Service-Level Agreement）を導入し，サービス内容と水準を明確に定め，管理の適正化を図っている．また，ビジネスモデルやIT基盤が自社のコアコンピタンスと認識する企業では，ITの管理と資源の内部化を積極的に選択している．

(3) CIOと全社的委員会

ITの重要性が高まり，IT組織戦略も多様化すると，ITの管理を情報システム部門長だけに任せておくことはできない．役員の中にCIO（Chief Information Officer）をおく企業も多い．CIOは情報統括役員であり，IT部門とは別の立場でITの戦略と管理を全社的観点から統括している．アメリカで

は，1980年代後半からCIOの役職が増加した．CIOは，経営戦略の一部としてのIT戦略の立案と実行を統括し，IT投資やITにかかわるリソースを管理する．また，ITの開発と運用に関してIT部門と利用部門の調整を図るという役割を果たす．日本においては，これまでアメリカにおけるCIOが必ずしも設置されておらず，情報システム部門長がその一部の役割を果たしている場合も多かった．しかし，近年ではCIOの設置が増加している．

経済産業省はCIOに求められる必要な取り組みとして，①「IT戦略ビジョン」の策定と経営層の支援獲得，②現状の可視化による業務改革の推進とITによる最適化の実現，③安定的なIT構造（アーキテクチャ）の構築，④ITマネジメント体制の確立，⑤IT投資の客観的評価の実践，⑥IT人材の育成・活用，⑦情報セキュリティ対策・情報管理の強化，の7項目が重要であると指摘している（経済産業省商務情報政策局，2005）．

ITは直接的，間接的に経営成果に影響する．また，事業の仕組みの中でITへの依存度は高まる一方であり，その結果ITは戦略的機会であるとともに，脅威のトリガーにもなる．絶え間ない環境変化の中で事業戦略とITの分権化や，機能分化も必要であるが，全体最適と相互牽制が不可欠である．このような観点から，全社レベルのIT管理に関する委員会が設けられ，全社的なIT戦略の意思決定と実行管理が行われている．このようなITガバナンスの組織体制を整え，ITの直接的，間接的効果の面からITの戦略的活用機会をとらえ実行する一方，潜在的な脅威に対応することが求められている．

4. IT投資のマネジメントプロセス

ITガバナンスの中でもIT投資のマネジメントはとくに重要な機能である．COBITでは，計画と組織化（PO：Plan and Organize）の中で，「PO5：IT投資マネジメント」が定義されている．その中では，財務的フレームワークを確立し，それに基づきIT投資の意思決定，予算化，コスト管理，効果モニタリングのプロセスを実現することが求められている．現実的には，組織の規模や経

営管理の成熟度により，IT投資マネジメントプロセスは多様である．規模の大きい優良企業ほどCOBITで示されているプロセスが経営管理の一環として組み込まれている傾向にある．

事例：ヤンセンファーマ

　ジョンソン・エンド・ジョンソングループの医療用薬品メーカーのヤンセンファーマ（日本法人）は，SPI（Sales Performance Improvement）戦略などのマーケティング革新を進めるうえで，IT活用を図り，成果をあげてきた．経営の中で適切かつ有効にITを活用するための統括機構がITガバナンス委員会「e-BIC（e-Business Initiative Committee）」である（CIO Magazine, 2004）．同委員会は経営戦略とITプロジェクトの融合を図ることを目的としている．

　同委員会の活動は図表8－4のように進められる．春のキックオフで活動が開始され，まず当年の活動スケジュールを定める．つぎに各事業部門にITプロジェクト提案書を作成し，提出してもらう．そして，個々のプロジェクト提案を技術面，ビジネス面から評価し，その優先順位を定める．継続的に評価・検討を行い，最終的にプロジェクトを選定し，予算申請を行う．2003年には，事業部門から70のプロジェクトが提案されたが，最終的に32プロジェクトが採択された．

5. EA

　全社のIT計画の中では，企業レベルでのITアーキテクチャの設計が基盤となる．COBITでは，計画と組織化（PO：Plan and Organize）の中で，「PO2：ITアーキテクチャの定義」のプロセスが定められている．

　経営環境が変化しても，システム構築・運用環境を柔軟に対応させることを目的として，組織の構造と機能を体系化したモデルをEA（エンタープライズ・アーキテクチャ）という．ITアーキテクチャの定義においては，EAの考え方が有効となる．EAは，図表8－5に示すように，一般に，ビジネスアー

図表 8-4 ヤンセンファーマの IT ガバナンスプロセス

e-BIC プロジェクトの活動スケジュール（2003年）

日付	活動	プロジェクト数	内容（上段）	内容（下段）
3/18	e-BIC ISPP キックオフ		ISSPフレームワーク，スケジュールの決定	
4/18	プロジェクト提案書提出	70プロジェクト	提案の背景／課題／ソリューション／来年の部門目標／重要活動／想定される対応	各部門・部署レベルの案件掘り起こし
4/21～24	IMスクリーニング		装備・経費判別／案件の重複・統合・棄却別ソリューション提案	妥当性チェック
4/25	e-BICレビュー		スクリーニング結果の報告	妥当性検証
5/1～16	一次プロジェクト・チャータ作成	50プロジェクト	背景，目標，目的，範囲，リスクの検証／案件の棄却／検討	プロジェクト概要定義
6/5	e-BIC MC 一次レビュー事前ミーティング		ビジネス機能定義／プロジェクト属性分析	プロジェクト性質分析

日付	活動	プロジェクト数	内容（上段）	内容（下段）
6/6～13	プロジェクト・サマリー作成		目的／プロジェクトの位置づけ／重要度／コスト／実行しない場合のリスク	プロジェクト概要の戦略化
6/18	MC1次レビュー	43プロジェクト	プロジェクト投資サマリー・チャート／プロジェクト・ポートフォリオ／プロジェクト・ミッション・マトリクス／プロジェクト・サマリー	全社レベルのレビュー
6/19～30	本部レビュー		本部戦略の確認／MC1次レビューの結果，課題の見直し／プロジェクト・リストの確認	本部戦略との整合性検証
	最終プロジェクト・チャータ作成		成果物の概要／スケジュール／プロジェクト・チーム体制／運用体制／システム資源／プロジェクト費用（設備／経費）／運用費用（経費）／定量効果，定性効果／候補ベンダー	プロジェクト詳細定義
7/3～4	e-BIC合宿	31プロジェクト	本部優先順位を受けた見直し／プロジェクト・リソース・プラン策定／プロジェクト・チャータ作成	プロジェクト絞り込み
7/15	MC2次レビュー	32プロジェクト	プロジェクト投資サマリー・チャート／プロジェクト・ポートフォリオ／プロジェクト・ミッション・マトリクス／コスト・サマリー／プロジェクト・エグゼクティブ・サマリー	全社戦略との整合性確保
8/1	予算申請		プロジェクト投資サマリー・チャート提出	

出所）CIO Magazine (2004)

図表8-5　EAの体系

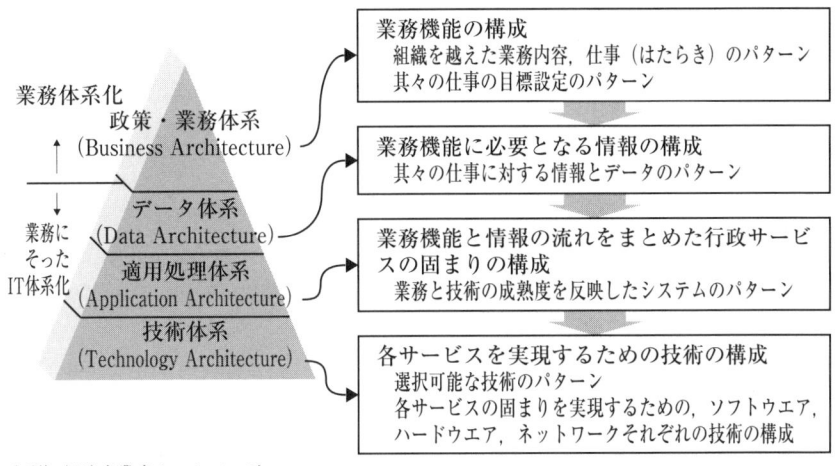

業務体系化
　↑政策・業務体系
　　（Business Architecture）
　↓データ体系
業務に　（Data Architecture）
そった　適用処理体系
IT体系化（Application Architecture）
　　技術体系
　　（Technology Architecture）

- 業務機能の構成
  - 組織を越えた業務内容，仕事（はたらき）のパターン
  - 其々の仕事の目標設定のパターン
- 業務機能に必要となる情報の構成
  - 其々の仕事に対する情報とデータのパターン
- 業務機能と情報の流れをまとめた行政サービスの固まりの構成
  - 業務と技術の成熟度を反映したシステムのパターン
- 各サービスを実現するための技術の構成
  - 選択可能な技術のパターン
  - 各サービスの固まりを実現するための，ソフトウエア，ハードウエア，ネットワークそれぞれの技術の構成

出所）経済産業省ホームページ

キテクチャ（経営戦略に沿った事業構造の定義），データ・アーキテクチャ（どのような情報を，どこで，どのように管理するかの定義），アプリケーション・アーキテクチャ（情報をどの部署がどう活用するのかの定義），技術アーキテクチャ（採用する技術構成の定義）の4つの側面から体系化される．1987年にザックマン（Zachman, J. A., 1987）が，EAを設計・構築・評価するための枠組みとガイドラインを発表した．これはザックマン・フレームワークとよばれている．当初情報システムを対象としていたが，1992年に組織も対象とするように拡張された．

演・習・問・題

問1　コーポレートガバナンスとITガバナンスとの関係を論じなさい．

問2　雑誌等により，企業の中でのIT関連組織の形態とCIOの役割を調べ，採用している組織編制の考え方を考察しなさい．

問3　インターネット等により，政府・自治体のEAに関する取り組みを調べ，その背景を検討しなさい．

参考文献

CIO Magazine (2004)「ヤンセンファーマ―急成長を支える日本発・ITガバナンス手法の全貌」『CIOマガジン』1月号

IT Governance Institute (2006) *COBIT 4.0*, IT Governance Institute.

Zachman, J. A. (1987) "A Framework for Information Systems Architecture," *IBM System Journal*, Vol. 14, No. 4.

内山悟志 (2003)「グループ経営時代のIT組織戦略」『CIO Magazine』1月号

経済産業省商務情報政策局 (2005)『CIOの機能と実践に関するベストプラクティス懇談会報告書~「IT投資の拡大」、「CIOの機能の向上」がもたらす国際競争力の強化戦略について』経済産業省

経済産業省ホームページ
http://www.meti.go.jp/policy/it_policy/ea/

《推薦図書》

1. IT Governance Institute (2006) *COBIT 4.0*, IT Governance Institute.
   ITガバナンス体系のフレームワークと要件が解説されている．
2. 経済産業省商務情報政策局 (2005)『CIOの機能と実践に関するベストプラクティス懇談会報告書~「IT投資の拡大」、「CIOの機能の向上」がもたらす国際競争力の強化戦略について』経済産業省
   企業におけるCIOの役割が優良企業の事例とともに紹介されている．

第9章の要約

　情報通信技術の革新とグローバル競争の激化にともなって，企業の中での情報システムの役割がますます高まっている．従来のようにIT（情報技術）を単なる業務ツールとして，情報システム部門によって管理・運用すればよい時代ではなくなってきた．そのためには，経営戦略にIT戦略をいかに整合させるか，そのためにITにかかわるPDCAを経営管理の中にいかに一体的に埋め込むか，が経営トップレベルの課題として問われている．その中心的なテーマがITに関する効果の評価とそのモニタリングをとおしたパフォーマンス・マネジメントである．本章では，IT投資評価手法を中心に，IT投資評価マネジメントのあり方を概観する．

第9章　IT投資評価マネジメント

1. IT評価手法・方法論

　情報システムは，企業の中で使われ始め約半世紀になるが，当初単一業務の省力化を目的とした利用が中心であった．計算業務，台帳管理，帳票作成業務を情報システム化することにより，人手の作業をなくすという効果が得られた．このような業務効率化，省力化が目的である場合には，人員削減，作業時間の削減から効果の金額換算も比較的容易に行えた．

　しかし，1980年代，通信ネットワークの発展により，業務プロセス，企業間ネットワークが拡大したことにともない情報システムの新たな目的が着目されるようになった．情報システムにより業務スピードや顧客サービスを高め，企業間ネットワークの直結によって情報システムが競合他社に対する差別化の武器として使われるようになった．その効果は，最終的には事業成果に帰結するものであるが，ITの機能の直接効果と事業成果との関係を認識する必要がでてきた．一方，今日のナレッジマネジメントやコミュニケーション環境としてのITの活用が増えているが，事業成果へのつながり方自体が不鮮明な投資テーマである．

　ITの評価では，このようなITの発展段階に応じて，さまざまな手法・方法論が提案され，適用されてきた．図表9－1は，代表的はIT投資評価の手法・方法論を鳥瞰したものである．マップの左右の軸は，評価すべき効果が効率化を中心としたもの（左）か，定性効果，目に見えない効果も扱うか（右）を示している．また，上下は，手法と方法論を区分している．手法は評価のプロセスの中で分析・情報提供のための役割を果たす．方法論は，手法を核に評価・管理のプロセスを含む，マネジメントシステムとしての役割を有するものである．以降では，経済価値評価手法，非財務効果評価手法，そしてIT投資事前評価方法論，ITライフサイクル管理方法論の順に代表的な手法・方法論の概要と得失を概観する．

図表9－1　IT投資効果の評価手法・方法論

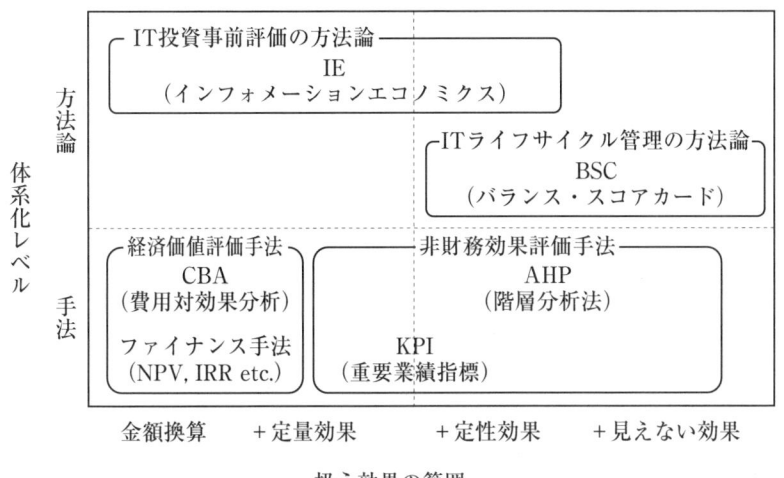

体系化レベル

方法論
- IT投資事前評価の方法論
  - IE（インフォメーションエコノミクス）
- ITライフサイクル管理の方法論
  - BSC（バランス・スコアカード）

手法
- 経済価値評価手法
  - CBA（費用対効果分析）
  - ファイナンス手法（NPV, IRR etc.）
- 非財務効果評価手法
  - AHP（階層分析法）
  - KPI（重要業績指標）

扱う効果の範囲：金額換算　＋定量効果　＋定性効果　＋見えない効果

2. IT投資の経済効果の評価手法

(1) 費用対効果分析

　ITに限らず，設備投資，業務改革等の投資評価に関する基本的手法は，費用対効果分析（CBA：Cost Benefit Analysis）である．投資にかかる費用を見積りそれと投資によって得られる金額換算される効果を対比することによって，投資の有効性を判断するものである．

　IT投資の場合，一般には図表9－2に示すフレームワークにより，費用対効果分析を行う．費用に関しては，まず投資の初期費用（開発一時費用）を見積もる．この中には，システム開発にかかる開発委託人件費（設計～開発～試験・移行），コンピュータ・ソフトウェア，通信機器の購入費用が含まれる．この初期費用に基づき，年間あたりの償却額を算定する．この初期費用の年間償却額に年間運用費用を加える．運用費用には，運用委託人件費，通信費，消耗品等諸経費等を含むが，コンピュータ・ソフトウェア・通信機器でリース・レンタルの場合には，それらも運用費用として組み入れる．これらは，外部へ

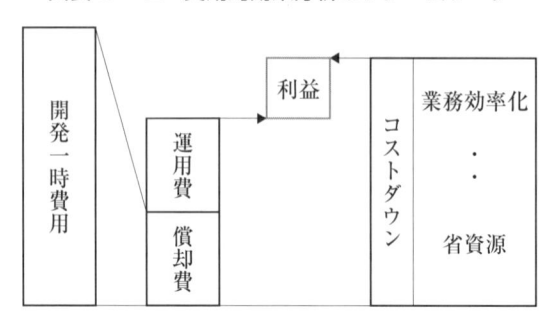

図表9－2　費用対効果分析のフレームワーク

の支出・コストであるが，正しくは内部コストも対象とする．内部コストとしては，開発にかかわるプロジェクトメンバーの費用，作業のためのスペース代などがある．

以上の費用側の見積りは，対象業務範囲，機能仕様が明確になれば，ある程度の精度で見積もることができる．問題は，効果の部分である．費用対効果分析では，金額換算できる効果を対象とする．たとえば，会計システムの導入により部門での伝票起票に代え会計取引のダイレクト・インプット（直接入力）を導入すると，部門における手書き起票に比べ，端末入力時間が短くなる効果（過去伝票の参照機能，チェック等による）に加え，情報システムにエントリー作業をする事務員が不要になる効果が期待される．これらの効果は，作業工数分の人件費削減効果として算入することができる．ただし，正しくは，不要となった作業にともない，人員が削減できるか，空いた時間で別な作業を行うことができるか，といった面を考慮する必要がある．

(2) ファイナンス手法

ファイナンス手法もITに限らず，投資にかかわる経済性評価の基礎手法である．

最も基礎となるのは，正味現在価値（NPV：Net Present Value）である．たとえば，10億円の投資により，年3億円のキャッシュフローの増分がある場

合を仮説例として考えてみる.

年	0	1	2	3	4	5
投資額（億円）	10					
キャッシュフロー増分（億円）		3	3	3	3	3

この投資による5年間のNPVは次のようになる.

$\text{NPV} = -10 + 3/1.08 + 3/1.08^2 + 3/1.08^3 + 3/1.08^4 + 3/1.08^5 = 1.98$（億円）

となる. ここで, 各年の3億円のキャッシュインフローは, 利子率8%を考慮し, 現在価値に直す. これを割引キャッシュフロー（DCF：Discounted Cashflow Method）とよぶ. 一般にNPVがプラスであれば, 投資する価値があることを示す.

類似の手法として内部利益率（IRR：Internal Rate of Return）がある. これは,

$\text{NPV} = -10 + 3/(1+r) + 3/(1+r)^2 + 3/(1+r)^3 + 3/(1+r)^4 + 3/(1+r)^5 = 0$（億円）

となるような割引率rを求めるものであり, この場合

$r = 15\%$

となるが, これが想定する収益率以上であれば投資する価値があると判断する. ファイナンス手法には, この他に投資の回収期間（Payback Period）に基づく方法も用いられる. 上記の例では, 累積キャッシュフローを求めると4年目末でプラスに転ずる. なお, キャッシュフローそのものではなく, 割引キャッシュフローを用いる場合もある. 回収期間法は事業主体側としてはわかりやすいが, キャッシュフロー系列の時間価値特性が捨象されている, 財務的な投資判断の基準が恣意的になってしまうといったデメリットがある.

これらのファイナンス手法は, 単独で用いるというよりは, 上述の費用対効果分析の結果や, ITを含む事業全体の計画等に関して, 財務面での最終評価指標として用いるものである.

3. ITによる非財務効果の評価手法

費用対効果分析, ファイナンス手法は, 基本的にはITによる財務の観点か

第9章 IT投資評価マネジメント

ら効果を評価するものである．しかし，今日のITの役割は多岐にわたっており，財務的効果が明示できない，あるいはIT投資の目的から財務の視点ではない部分で評価すべきというケースが多くなってきた．そこで，必要となってくるのが，非財務的評価指標を構成するための手法である．これらは，大きく業務効果を計数的に評価するものと，定性効果を対象とするものに分けられる．

(1) 業務に関するKPI

ITの導入が最終的に経済的効果につながるかという点は重要な検討事項である．この点については，後述のバランス・スコアカード等の手法により対応することになる．しかし，効率に関する業務改善は経済効果に直結するが，品質やスピード面での改善がどのように経済的・財務的成果につながるかを示すことは難しい．そこで，まず業務の改善効果を定量的にとらえることが基礎になる．

図表9－3　調達・購買業務におけるKPIの例

システム化テーマ	期待される効果（KPI）	
インターネットを使ったオープン調達	安価な調達先の開拓（低価格業者数）	C コスト
EDIによる電子発注	購買単価引き下げ（購買価格単価）	
	発注～支払事務の簡素化（事務作業工数）	
購買―検収―経理を統合したDB	迅速な発注処理（発注処理時間）	S スピード
調達先との共有DBによる迅速な供給	迅速な検収・納品（検収処理時間）	
	納入期限の厳守（納期遅れ件数）	Q 品質
供給業者による在庫管理（VMI）	支払業務の精度向上（支払い誤り件数）	

そこで，ITプロジェクトでの重要な業務改善項目を抽出し，それに対応した計測指標と改善目標値を明確にし，投資目的の評価を行う．この評価指標が重要業績指標（KPI：Key Performance Indicators）とよばれるものである．

148

たとえば，調達・購買業務における KPI として，図表9－3に示すものが想定される．この中で，コスト（C）に関する部分は，費用対効果分析でも取り込めるものであるが，スピード（S），品質（Q）に関する部分は，非財務のKPI として効果を明確化することが望ましい．

(2) 定性効果の評価手法～AHP

つぎに定性効果に関する評価手法についてである．IT 投資の効果として，これまで示してきたような財務効果，KPI のように定量化することが困難なケースも多い．このような場合，利用できるのが AHP（階層分析法，Analytic Hierarchy Process）である．AHP は，オペレーションズ・リサーチで発展してきた意思決定支援の手法である．IT の投資に適用する場合を考えると，複数の投資案件について評価項目を相対評価し，案件の優先順位を決定することに利用できる．AHP は，つぎのようなステップで評価を行う．

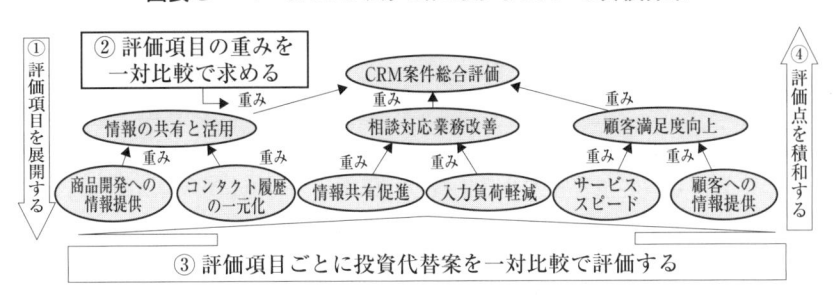

図表9－4　CRM システムにおける AHP の評価体系

①評価項目を展開する
②評価項目の重みを一対比較で求める
③評価項目ごとに投資代替案を一対比較で評価する
④評価点を積和する

CRM案件総合評価
― 情報の共有と活用
― 相談対応業務改善
― 顧客満足度向上

情報の共有と活用：商品開発への情報提供，コンタクト履歴の一元化
相談対応業務改善：情報共有促進，入力負荷軽減
顧客満足度向上：サービススピード，顧客への情報提供

まず，評価体系を評価項目の階層により示す．たとえば，図表9－4はCRM 関連の投資案件評価の例である．「顧客満足度」と「相談対応業務改善」そして「情報の共有と活用」が評価すべき大項目であり，「顧客満足度」は「顧客への情報提供」，「サービススピード」に，「相談対応業務改善」は「入力負荷軽減」と「情報共有促進」に分解できることを示している．つぎに，この

評価体系の評価項目の相対的な重みを決定する．このとき，一対比較法により重みを算出するところにAHPの特徴がある．一対比較とは，二者間の相対的重要度を判定し，それを総当りすることである．CRMの例では，「顧客満足度向上」と「相談対応業務改善」について，

	重要		同じ		重要		
「顧客満足度向上」	1	②	3	4	5	6	7	「相談対応業務改善」

というように7点尺度で相対評価し，残りの「顧客満足度向上」と「情報の共有と活用」，「相談対応業務改善」と「情報の共有と活用」について行い，その3試合の結果から各評価項目の強さの得点（重み）を計算する．これは，固有ベクトル計算という行列計算による．

この評価体系と評価項目の重みに基づき，投資案件を評価することになる．投資案件がA，B，Cの3案あるとすると，ここでも一対比較を行う．最下層の評価項目一つひとつに関して，つぎのような評価を行う．

「顧客への情報提供」
	優れている		同じ		優れている		
案件A	1	②	3	4	5	6	7	案件B

この結果から，各投資案件の最下層の評価項目の得点が求められ，それを評価項目の重みをかけ積和をとっていくと，上位の評価項目の得点が求められ，総合評価点が算出できる．

AHPは，総当りでの評価作業に手間がかかる，固有ベクトルの計算に専用ソフトが必要といった難点はあり，必ずしも実務での適用は進んでいない．しかし，定性効果を定量化する方法としては有効であり，またチーム・組織における意思決定のツールとして有効な部分もある．

以上の非財務効果に関する評価手法は，現状との比較，投資選択肢の比較等

何らかの相対的な比較の中で投資案件の価値・効果を明確化するための手法である．したがって，投資額に対して見合うかどうかについての判断指標を提供するものではないということを認識しなければならない．

4. IT 投資の総合評価方法論

これまでみてきた IT 投資手法は，IT 投資の事前評価プロセスの中で，意思決定の基礎情報を提供する「手法」という位置づけである．AHP も意思決定のプロセス自体を含んでいるものの，IT 投資の事前評価プロセス全体を対象としたものではない．そこで，つぎに IT マネジメントシステムに組み込まれる「方法論」レベルの例として，インフォメーション・エコノミクス技法（IE：Information Economics）をとりあげる．

インフォメーション・エコノミクス技法は，IBM 等によって考案された IT の経済価値を評価する方法論であり，複数の投資案件から企業として優先すべき投資案件を選択するためのものである（Parker, M. M. and R. J. Benson, 1988）．

図表9－5に示すように，財務的効果と定性効果およびリスクを総合的に評価している．投資利益率価値の部分は，費用対効果分析により，将来のキャッシュフローの増減を予測し，その結果から投資利益率を求める．投資利益率により投資利益率価値の評点（0～5点の尺度）を決める．その他の定性効果に関する価値／リスクについては，それを判定する定性評価項目をひとつまたは複数設定し，その評点（0～5点の尺度）と評価項目の重みによる加重和から得点を求める．最終的に投資案件の価値／リスクの得点と重みを掛け合わせ総合得点を算出する．

インフォメーション・エコノミクス技法は，中期のアプリケーション，インフラの IT 整備案件の定期的採択プロセスで利用することになる．運用方法としては，IT 戦略の方針を反映した評価項目とその重みを設定・改定し，それに基づき起案部署から提出される投資案件の企画書を評価することになる．最終的に評価結果をふまえ，委員会等の意思決定機関で投資案件の採否決定を行う．

図表9-5 インフォメーション・エコノミクス技法の評価体系

〈事業面の価値とリスク〉
1) 投資利益率価値　＝　費用対効果分析＋ファイナンス手法（財務効果）
2) 戦略支援価値　＝　戦略支援への貢献（定性効果）
3) 競争優位価値　＝　競争優位向上への貢献（定性効果）
4) 経営管理情報価値　＝　経営管理向上への貢献（定性効果）
5) 競争対応価値　＝　競争上不可欠な対応への貢献（定性効果）
6) 組織面のリスク　＝　組織能力との整合性や実現可能性のリスク

〈技術面の価値とリスク〉
1) 戦略的システム基盤価値　＝　将来的なシステム基盤への貢献（定性効果）
2) 定義のあいまいさによる不確実性　＝　仕様不備などのリスク
3) 技術面での不確実性　＝　採用する技術のリスク
4) システム基盤に対するリスク　＝　システム基盤の脆弱性に関するリスク

出所）Parker & Benson（1988）をもとに作成

　1980年代終わりから90年代初めにかけて，戦略的情報システム（SIS：Strategic Information Systems）の視点が重要視され，企業にとってIT投資機会が増えた．そのため，インフォメーション・エコノミクス技法は，有効な投資案件から実施していく必要性から注目された．実務的には，評価体系が細か過ぎる点があることや，競争上スピード対応しないといけない案件が多い場合，企業レベルではなく戦略事業単位ごとに意思決定せざるをえないことから，この方法論全体を適用することは難しかった．しかし，ITガバナンスの必要性が叫ばれている今日，インフォメーション・エコノミクス的総合評価手法は，ITの事前評価の総合評価体系として改めて必要性が高まっている．

5. バランス・スコアカードによる経営とITの戦略マネジメント

　インフォメーション・エコノミクス的総合評価手法が，事前評価におけるマネジメントシステムとすれば，バランス・スコアカード（BSC：Balanced Scorecard）はITのライフサイクルを通じた評価と管理のフレームワークを提供する．
　BSCは，ハーバード大学のキャプラン教授とコンサルタントのノートン氏によって提案された業績評価と戦略マネジメントのためのマネジメントシステ

ムである（Kaplan, Robert S. and David P. Norton, 2000）．BSC についてはすでに第5章で検討した．欧米の多くの企業で導入されており，日本においても経営品質向上の取り組みとあわせて導入する企業が増えている．BSC は，戦略を業務活動に落とし込むために，財務，顧客，業務プロセス，学習と成長という4つの視点にしたがって，重要な戦略目的を展開し，その実現状況を測定する KPI と目標値を定めるものである．

IT の導入目的が，効率化から品質，スピードにシフトする今日，IT の導入によって財務的・経済的な効果を直接，即時に得ることが少なくなってきた．IT の事前評価の中心的手法である費用対効果分析により投資案件を正当化で

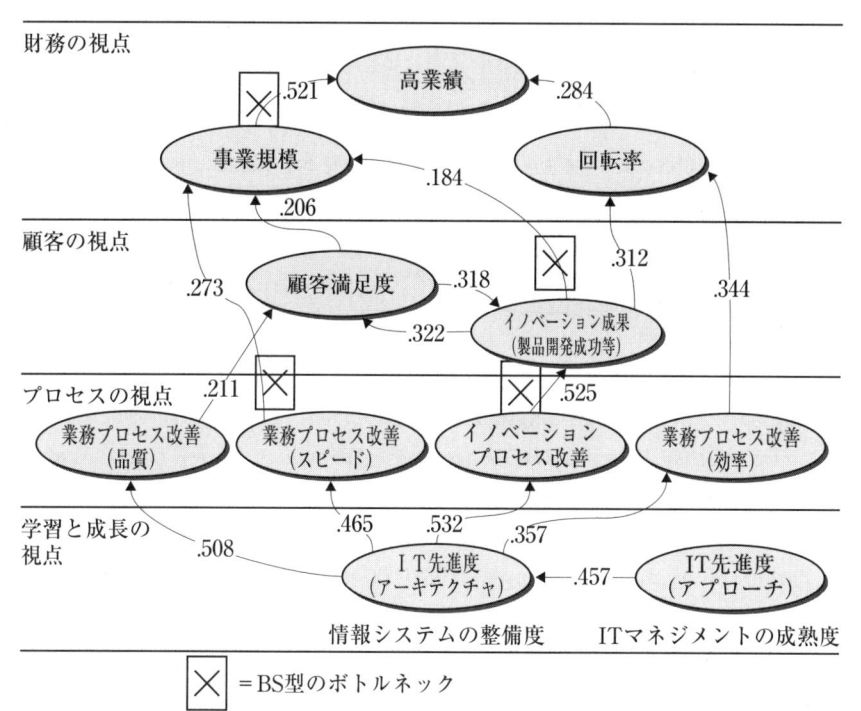

図表9－6　BSC の戦略マップによる IT 効果の連鎖例

財務の視点
- 高業績 .284 ← 回転率
- 事業規模 ×.521 高業績
- 事業規模 .184
- 事業規模 .206

顧客の視点
- .273
- 顧客満足度 .318
- .322
- .312
- .344

プロセスの視点
- .211 ×
- 業務プロセス改善（品質）
- 業務プロセス改善（スピード）
- イノベーション成果（製品開発成功等）
- ×.525 イノベーションプロセス改善
- 業務プロセス改善（効率）

学習と成長の視点
- .508　.465　.532　.357
- IT先進度（アーキテクチャ）　←.457―　IT先進度（アプローチ）
- 情報システムの整備度　　　ITマネジメントの成熟度

×＝BS型のボトルネック

出所）歌代豊（2003）

きる割合はますます少なくなってきている．BSC の戦略マップを用いて IT の機能が，業務プロセスや顧客に対する貢献をとおして，どのように財務成果につながるかを表すことにより，IT 投資案件の必要性を示すことができる（図表 9 - 6）．いずれにしても，IT 投資の事前評価においては，経営成果は IT の投資や有効活用によって決まるわけではなく，外部の競争環境，市場環境，そして内部の業務運用改善を通して達成されることに留意する必要がある．

バランス・スコアカードは，IT 投資評価の事前評価における合意形成に用いることができるが，むしろバランス・スコアカードにより設定した各視点の目標値がどのように達成されるかを，IT 導入以降モニタリングし，管理する部分で効果を発揮する．

演・習・問・題

問 1　本章でとりあげた手法・方法論のメリット，デメリットを整理し，それぞれの特徴を論じなさい．

問 2　電話と FAX により小売店から注文を受けていた卸売業が，通信ネットワークにより受注データを受信する情報システムを導入することにした．この場合どのような効果があるか検討し，示しなさい．

問 3　上記の新たな受注システムを開発し，運用する場合，どのようなコストが発生するか，洗い出しなさい．開発と運用に分け，費目別にまとめなさい．

参考文献

Kaplan, Robert S. and David P. Norton（2000）*The Strategy-Focused Organization : How Balanced Scorecard Companies Thrive in the New Business Environment*, Harvard Business School Press．（櫻井通晴監訳『戦略バランスト・スコアカード』東洋経済新報社，2001 年）

Parker, M. M. and R. J. Benson（1988）*Information Economics : Linking Business Performance to Information Technology*, Prentice Hall．（宇都宮肇訳『情報システム投資の経済学—最適投資配分のためのプロジェクト評価』日経 BP 社，1990 年）

歌代豊（2003）「経営成果を高めるための IT マネジメントの条件」『2003 年度

組織学会研究発表大会報告要旨集』組織学会
刀根薫・真鍋龍太郎編集（1990）『AHP 事例集―階層化意思決定法』日科技連出版社

―《推薦図書》―

1. 松島桂樹（2000）『戦略的 IT 投資マネジメント―情報システム投資の経済性評価』白桃書房
    IT 投資の評価手法について体系的に論じられている．
2. 伏見多美雄（2002）『おはなし経済性分析』日本規格協会
    キャッシュフローの時間価値や投資案件の評価等に関して，わかりやすく解説している．
3. Nokes, N.（2000）*Taking Control of It Costs*, Financial Times Management.（櫻井通晴監訳『IT コストの管理』東洋経済新報社, 2001 年）
    IT のコストや投資のマネジメント方法を実務的な観点から示している．

第10章の要約

　企業の中で運用されている IT はさまざまなシステムから構成されている．各システムのライフサイクルは，企画に始まり，設計・開発をへて運用にいたる．IT を経営の中で適切に，そして適時に適用していくためには，ライフサイクルの上流である企画開発をうまく管理する必要がある．本章では，企業の中で IT を導入し，活用するための企画・開発の進め方，遂行する上で必要となるさまざまな手法を学ぶことにする．

第10章　ITの企画開発とプロジェクト・マネジメント

1. IT企画開発プロジェクトの重要性

(1) 開発プロジェクトでの失敗と影響の増大

　近年，ITに関連したトラブルの中でも開発プロジェクトでの失敗が散見される．情報システムの2000年問題を無事対応した後，都市銀行の多くは，再編にともなう大規模なシステム統合プロジェクトに注力した．富士銀行，第一勧業銀行，日本興業銀行が経営統合したみずほフィナンシャルグループは，2002年4月1日にみずほ銀行の新システムの稼動を開始した．しかし，ATMの障害が発生し，さらに口座振替処理の遅延も生じた．その後も口座振替の未処理が大量に発生し，また二重引き落としというミスも発覚した．システムと業務が正常に戻るまで数週間かかった．障害の直接原因は，特殊条件に関する仕様不良や，試験後のプログラム修正ミスであった．しかし，背景となる要因として，システム統合方針決定が遅れたこと，開発スケジュールの遅延によりテストが不十分であったこと，それにもかかわらず本番稼動を決定したこと，などプロジェクト・マネジメントの不在が指摘された．

　システム開発プロジェクトでは，一般に多くのトラブルが発生する．当初計画どおりにプロジェクトを完遂し，問題なくサービスを稼動させるには技術力だけではなく，強力なマネジメント力が不可欠である．

(2) ITのライフサイクルとマネジメントプロセス

　経営の中でITに関連するマネジメントプロセスは，一般的には図表10－1のように表せる．図表の左右はITのライフサイクルを示している．戦略・計画策定が起点となり，計画に基づき個別案件のプロセス・システム設計，システム開発を行い，完成したシステムを運用していく．上下は経営階層であり，企業レベルと個々の事業レベルに分けられる．戦略・計画は企業レベルでは，企業戦略および中期経営計画が，事業レベルでは事業戦略・事業計画が策定さ

第10章 ITの企画開発とプロジェクト・マネジメント

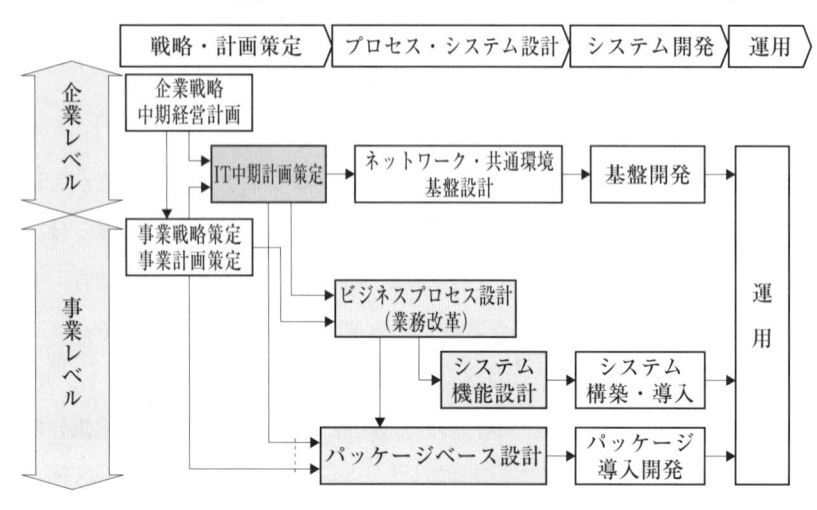

図表10－1　ITマネジメントプロセス

```
企業レベル：企業戦略・中期経営計画 → IT中期計画策定 → ネットワーク・共通環境基盤設計 → 基盤開発 → 運用
事業レベル：事業戦略策定・事業計画策定 → ビジネスプロセス設計（業務改革） → システム機能設計 → システム構築・導入 → 運用
                                  → パッケージベース設計 → パッケージ導入開発 → 運用
フェーズ：戦略・計画策定 / プロセス・システム設計 / システム開発 / 運用
```

れる．

　企業戦略に関しては，事業ポートフォリオ，全社資源展開が明確にされるが，その一貫として全社の共通IT環境基盤整備課題が抽出される．また，事業戦略に関しては，競争のための基本戦略とその実行方策が策定されるが，その手段としてIT活用テーマが抽出される．これらを取りまとめ，IT中期計画が策定される．

　戦略・計画策定は，経営管理プロセスの一部として中期計画，年度といった期間単位で策定され，管理される．これに対して，プロセス・システム設計，開発は，個別の開発案件ごとにプロジェクトが編成され，プロジェクト管理が行われる．基本的には，まず，業務プロセスと現行情報システムの分析が行われ，望ましい将来の業務プロセスが設計される．将来の業務プロセスで必要となるシステム機能が設計され（システム要件定義），システム詳細設計，システム構築が行われる．

　システム開発の方法論も，技術革新により変化している．従来，ウォーターフォール方式とよばれるフェーズ単位に逐次進めていく方法がとられていた．

しかし，開発後期で業務要件との不整合が発見されることが多いため，開発初期の段階で運用イメージを確認するプロトタイピング手法が採用されたり，各フェーズをオーバーラップするスパイラル方式がとられるようになった．また，前述のERPパッケージなどパッケージを採用したシステム開発も多くなり，その場合，パッケージの機能を前提とした要件定義が行われる．

2. 分析と設計の手法

(1) プロセス分析とBPR

IT導入の企画・開発を行ううえで，対象となる業務プロセスのモデル化が必要となる．プロセス・システム設計では最初に要件定義が行われる．そして，要件定義フェーズにおいては，まず現状の業務を調査し，現状の業務プロセスモデル（As Isモデル）を定義する．As Isモデルに基づき，問題点や改善ポイントを検討し，改善された業務プロセスモデル（To Beモデル）を作成する．

モデル表現の形式は，これまでに情報システムベンダーやコンサルティング会社，標準化団体によってさまざまな記述方法が提案されてきた．近年では，IDEFやUML，BPMNなどが著名である．基本的には，業務活動とその関係（流れ）を時間軸や組織軸に照らして図式化したものである．作成のためのソフトウェアツールが用意され，設計のための各種情報を統合的に管理し，設計情報にも展開される．

業務プロセスの分析と設計においては，リエンジニアリング，あるいはBPR（Business Process Reengineering：ビジネスプロセスリエンジニアリング）とよばれる考え方も用いられる．リエンジニアリングは，1990年初めにハマーとチャンピー（Hammer, M. and J. A. Champy, 1993）によって提唱された経営手法である．ハマーらは，リエンジニアリングを「コスト，品質，サービス，スピードのような重大で今日的なパフォーマンス指標を劇的に改善するために，ビジネス・プロセスを根本的に考え直し，抜本的にそれを設計し直すこと」と定義した．プロセス指向に基づき，階層的な組織や機能による過剰な分業を廃

して，組織をフラット化し，業務の流れが滞らないようなプロセス再設計を推奨している．

事例：フォード自動車

　1980年代の初頭，フォード自動車は間接コストと管理コストの削減に取り組んでいた．その対象部門のひとつに支払部門があった．支払部門には当時500人以上が携わっていたが，コンピュータを使い支払業務を合理化し，20％の人員削減をしようとしていた．しかし，日本のマツダがわずか5人で支払処理をしていることを知り，支払を含む購買プロセス全体の再構築をすることにした．

　当時のプロセスは図表10－2に示すようなものだった．購買部門がサプライヤに注文を送付し，そのコピーを支払部門にも送る．サプライヤから資材・部品を受領すると検収し，納品書を支払部門に送付する．検収後にサプライヤは請求書を支払部門に送る．支払部門は，注文書，納品書，請求書を突き合わせ，支払処理を行う．しかし，例外的に書類の不一致が生じ，その原因追究と修正処理のために多大な手間と時間がかかっていた．すなわち，一部の例外的な書類のために事務員の作業の多くが費やされていたのである．

　フォードは，このような問題を解決するために抜本的なプロセスの変革を図った．コンピュータの活用と請求書をなくすことが大きなポイントであった．購買部門はデータベースに注文情報を入力し，印刷した注文書をサプライヤに送付する．サプライヤから資材・部品を受領すると，データベースを紹介し，発注品であるか確認し，検収結果をデータベースに登録する．受領した結果に基づき，期日までに支払処理を行う．注文したとおりに納品されれば，請求書なしでフォードから支払を行うのである．これにより，従来必要だった不一致の原因調査，対応処置が不要となり，支払部門に500人以上いた事務員は125人に削減された．

図表10−2 フォード自動車の購買プロセスのBPR例

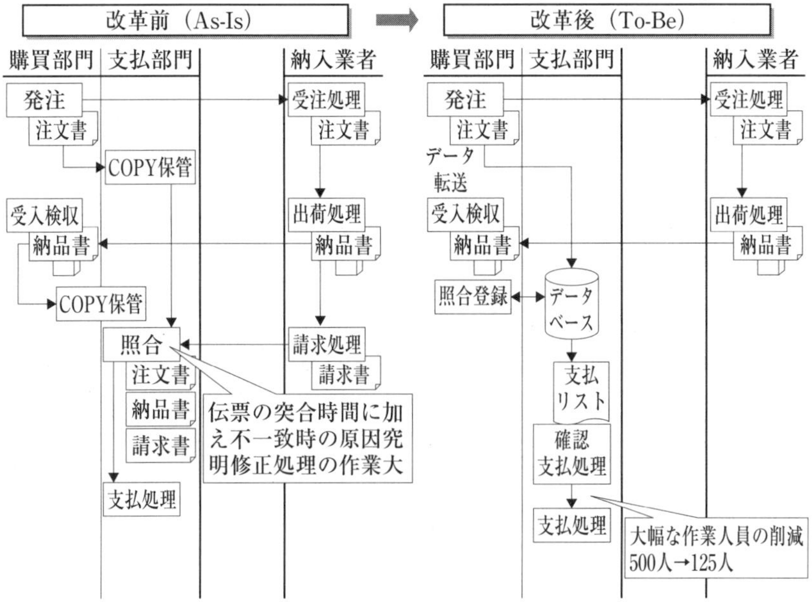

改革前（As-Is）　　　　　改革後（To-Be）

購買部門	支払部門	納入業者	購買部門	支払部門	納入業者
発注 注文書	→COPY保管	受注処理 注文書	発注 注文書	注文書 データ転送	受注処理 注文書
受入検収 納品書	← COPY保管	出荷処理 納品書	受入検収 納品書	照合登録→データベース	出荷処理 納品書
	照合 注文書 納品書 請求書 支払処理	請求処理 請求書		支払リスト 確認 支払処理 支払処理	

伝票の突合時間に加え不一致時の原因究明修正処理の作業大

大幅な作業人員の削減 500人→125人

　ハマーらは，このようなフォード自動車の例に基づき，リエンジニアリングを，根本的，抜本的，劇的，プロセスという4つのキーワードで特徴づけしている．BPRでは，事業の方法に関して根本的な問いかけをし，プロセスを抜本的に設計しなおす．また業務の流れとともに情報の流れの再設計も不可欠であり，ITが重要な役割を果たすことになる．

（2）データ分析とデータモデル

　業務改革やシステム設計時には，業務プロセスとともにデータの分析と設計がもうひとつの柱となる．まず，現状業務の分析において，業務にかかわるデータ（情報）をモデル化する．プロセスと同様にモデルの表記方法も多様であるが，基本となるのはERダイアグラム（entity-relationship diagram）である．1970年代にピーター・チェン（Chen, P.）によって提案され，後に拡張され，

ジェームス・マーチン（Martin, J.）の Information Engineering（IE）方法論や IDEF にも採用された．

図表10－3は購買にかかわる ER ダイアグラムである．ER ダイアグラムは，エンティティ，リレーション，アトリビュートからなる．エンティティは物理的，論理的に存在する対象であり，図の中ではサプライヤや発注などである．リレーションはエンティティ間の関係を示したもので，線で表される．両社の関係が1対1，1対多，多対多によって表記法が異なる．アトリビュートはエンティティの特性を示した属性であり，サプライヤには，取引先名称，住所や，内部的な管理情報である取引先コード，取引先区分などのアトリビュートが含まれる．アトリビュートの中でエンティティを一意に識別するものをキーとよぶ．サプライヤの取引先コードはキーである．

図表10－3　ER ダイヤグラムの例

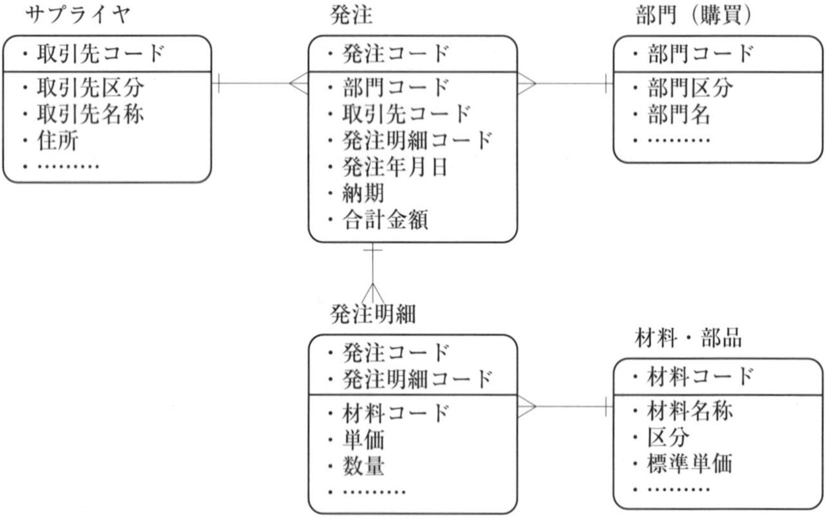

```
サプライヤ              発注                    部門（購買）
・取引先コード          ・発注コード            ・部門コード
・取引先区分            ・部門コード            ・部門区分
・取引先名称            ・取引先コード          ・部門名
・住所                  ・発注明細コード
・………                  ・発注年月日
                        ・納期
                        ・合計金額

                        発注明細
                        ・発注コード            材料・部品
                        ・発注明細コード        ・材料コード
                        ・材料コード            ・材料名称
                        ・単価                  ・区分
                        ・数量                  ・標準単価
                        ・………                  ・………
```

3. プロジェクト・マネジメント

(1) IT企画開発プロジェクトとプロジェクト・マネジメント

　ITの企画・開発は，企業の中でプロジェクトとして認識され，実行・管理される．プロジェクトは，特定の目的を有し，限定された期間で実施する取り組みのことである．企業経営では，ITの企画・開発以外にも，組織改革，新規事業開発，新製品開発などがプロジェクトとして実施される．エンジニアリング業や建設業は，事業を遂行する単位がプロジェクトとなっている．また，企業以外にも，プロジェクトは国や自治体でも政策を実行する単位として編成される．たとえば，アメリカでは，国防総省（DOD），米航空宇宙局（NASA）などで国防，宇宙開発といった大規模プロジェクトが国家レベルで推進されている．

　プロジェクトでは，人，金，物といった資源を有効に活用し，期限どおり，要求品質どおりに成果を達成することが求められる．プロジェクトを適切に推進するための管理をプロジェクト・マネジメントという．前述のようにプロジェクトは，ITの企画・開発に限らず，国家プロジェクトなど多様であるが，プロジェクト・マネジメントには，共通の体系や手法が存在する．以降では，世界的にプロジェクト・マネジメントの標準として普及しているPMBOKに即して，プロジェクト・マネジメントの体系と手法を概観する．

(2) PMBOKとその体系

　プロジェクト・マネジメントは，アメリカの国防関連の大規模プロジェクトを管理するために発展してきた．1984年，アメリカの非営利団体PMI（Project Management Institute）により，プロジェクト・マネジメントの知識体系であるPMBOK（Project Management Body of Knowledge）が取りまとめられた．PMBOKは，その後も改定され，2004年には第3版が発行されている．PMBOKは世界各国に広く普及している．PMBOKは，プロジェクト・マネジ

メントの共通的な標準知識体系を定め，共通概念や用語を規定したものである．プロジェクト・マネジメント実践者のための教育カリキュラムの基準として利用されている．

PMBOKの体系は，スコープ（プロジェクトの目的と範囲），タイム，コスト，品質，人的資源，コミュニケーション，リスク，調達，統合管理という9つの知識領域より構成され，各知識領域のマネジメントプロセスが規定されている（図表10－4）．

① スコープ・マネジメント

スコープ・マネジメントは，プロジェクトで必要となる作業を明確にし，実行，管理するためのプロセスである．計画段階では，まず，作業の範囲と構造を定義する．作業の範囲と構造は，WBS（Work Breakdown Structure）という技法により定義される．WBSはプロジェクトで必要となる作業を分解して，構造化したものである．図表10－5はWBSの例を示したものである．WBSの最下層の作業要素をワーク・パッケージとよぶ．ワーク・パッケージは，作業の最小管理対象である．コスト，時間，資源を見積もり，また遂行の責任と

図表10－4　PMBOKの体系

統合マネジメント							
スコープ・マネジメント	タイム・マネジメント	コスト・マネジメント	品質マネジメント	人的資源マネジメント	コミュニケーション・マネジメント	リスク・マネジメント	調達マネジメント

図表10-5　WBSとアクティビティ

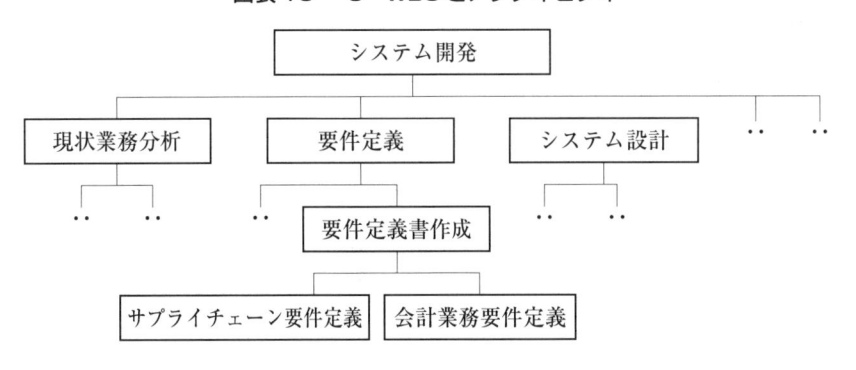

```
                    システム開発
         ┌──────────┬──────────┬─────┬───┐
    現状業務分析    要件定義    システム設計  ‥  ‥
      ┌─┬─┐       │        ┌─┬─┐
      ‥ ‥      要件定義書作成    ‥ ‥
              ┌────┴────┐
         サプライチェーン要件定義  会計業務要件定義
```

権限を明確にするために，ワーク・パッケージは適切な大きさに分解されたものでなければならない．WBS作成は，プロジェクト工数見積もり，スケジュール作成などのベースとなるもので，プロジェクト・マネジメント全体の基盤となる．

スコープ・マネジメントでは，実行の監視・コントロールの機能として，プロジェクトで変更があった場合に，WBSなどのスコープ定義を変更管理するプロセスを含んでいる．

② タイム・マネジメント

タイム・マネジメントは，プロジェクトを期限どおりに完了させるための計画と管理のプロセスである．計画段階では，プロジェクトで必要なアクティビティを定義し，最終的にはスケジュールを作成する．アクティビティ定義のためにまず用いられる技法が要素分解である．要素分解により，スコープ・マネジメントのWBSで定義されたワーク・パッケージをさらに小さな作業単位に分割する．分解された作業単位をアクティビティとよぶ．進捗管理のためには，アクティビティを一週間程度の作業単位に分解し，アクティビティごとに実績把握を行う．

③ コスト・マネジメント

コスト・マネジメントは，承認された予算内でプロジェクトを完了させるた

めのプロセスである．計画段階で，コストの見積もりを行い，予算化を図る．実行の監視・コントロールの機能として，進捗を管理し，是正措置を検討し，場合によってはプロジェクト予算の変更管理を行う．コスト実績の把握は，タイム・マネジメントで定めたアクティビティごとに行う．

コスト・コントロールのための手法としてアーンドバリューがある（図表10－6）．アーンドバリューは，作業成果の達成度を金額換算した出来高である．アーンドバリューを用い，コストの計画と実績の差異を，進捗度合により生ずるスケジュール差異とコスト増減による差異とに区分し，把握する．それによって，完成時の総コストの予測を含めて，コスト・コントロールを行う．

④ 品質マネジメント

品質マネジメントは，プロジェクトのニーズを満足させるための計画と管理のプロセスである．品質方針，品質目標および責任を設定し，それら達成するために，品質保証，品質管理を行う．

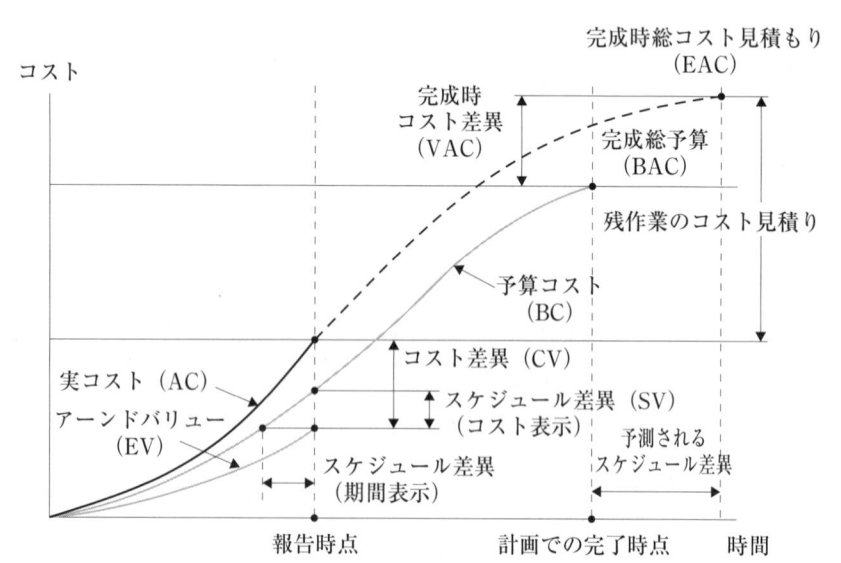

図表10－6 アーンドバリュー

⑤ 人的資源マネジメント

人的資源マネジメントは，プロジェクト・チームの組織化と管理に関するプロセスである．プロジェクト・チームを編成し，役割と責任を明確にするうえでは，スコープ・マネジメントで定義したWBSがベースになる．計画段階では，ワーク・パッケージごとに責任者とメンバーの関与の仕方を決定し，プロジェクト組織図を作成する．実行と監視コントロールでは，プロジェクト・チームの編成や，育成，パフォーマンスの評価などを行う．

⑥ コミュニケーション・マネジメント

コミュニケーション・マネジメントは，プロジェクトに関連する情報の生成，収集，配布，保管，検索，廃棄を実行，管理するためのプロセスである．プロジェクト・マネジメントでは，関係者（ステークホルダー）間での適切なコミュニケーションが不可欠である．計画段階では，伝達すべき情報の範囲を明確にし，伝達の流れ，伝達方法，タイミング等を規定する．実行と監視コントロールでは，計画に基づいた情報配布，プロジェクト実績の収集と配布を行う．

⑦ リスク・マネジメント

プロジェクトの実施において，予期しないさまざまな状況がおこり，プロジェクトに影響を与える．事象の発生確率と結果の組み合わせであるリスクへの対応がきわめて重要である．リスク・マネジメントは，プロジェクトに関連するリスクに対する対応を管理するプロセスである．計画段階ではリスクを識別し，その影響や発生確率を分析したうえで，リスクへの対応計画を作成する．そして，ライフサイクルをとおして，リスクの監視を行うとともに，継続的に新たなリスクの識別と分析を行う．

リスクというとマイナス要因ととらえがちであるが，プラス要因もある．マイナス要因は脅威，プラス要因は好機である．リスクの識別では，外部要因，品質・性能，技術，組織，プロジェクト・マネジメントなどの観点からリスクを検討し，また対応策の基点となる原因を明らかにしておくことが重要である．リスク分析により，各リスクの影響度と発生確率を評価する．そして，リスク

対応計画で，リスクに対してどのように対処していくかを決定する．脅威を減少させるための方策として，「回避」「軽減」「転嫁」「受容」を，好機を増大させる方策として，「活用」「強化」「共有」「受容」を検討する．

⑧ 調達マネジメント

プロジェクトでは，さまざまな製品・サービスを外部業者から調達することが必要となる．調達マネジメントは，適切な調達を行うためのプロセスである．購入・取得計画では，内外製の比較分析と調達範囲の決定を行う．契約計画では，調達のための文書（提案依頼書，見積依頼書等）を作成する．その後，納入者に提案をもとめ，提出されたプロポーザル（提案書）を評価し，納入業者を選定する．

⑨ 統合マネジメント

これまで示した知識エリアは，個別のマネジメント対象ではあるが，相互に関連しており，プロジェクト・マネジメントにおいては，それらの調整と統合が不可欠である．統合マネジメントは，知識エリアを横断した知識エリアであり，各知識エリアのプロセスを統合するプロセスである．

他のプロセスにない，固有な役割として，プロジェクトの立ち上げプロセスと終結プロセスがある．プロジェクトの立ち上げでは，プロジェクト憲章とプロジェクト・スコープの暫定版を作成する．プロジェクト憲章は，プロジェクトに対する要求事項，目的，マイルストーン・スケジュールのサマリー，予算のサマリー等からなる．計画段階では，各知識エリアの活動を調整し，プロジェクト・マネジメント計画書を作成する．また，監視コントロールにおいても，各知識エリアを統合した是正処置，予防処置を実施し，変更管理などを行う．終結プロセスでは，プロジェクトの結果を文書としてとりまとめ，プロジェクトの成果物が要求事項に適合しているかどうかを確認する．

演・習・問・題

問1 雑誌等によりIT開発プロジェクトの失敗事例を調査し，その原因を分析しなさい．

問2 あなたが日常的に行っている仕事について現状の業務プロセスモデル（As Is モデル）を作成し，業務改善の方法を検討しなさい．そして，改善後の業務プロセスモデル（To Be モデル）を定義しなさい．

問3 あなたが抱えている会社，家庭，地域などでの仕事（たとえば年賀状の発送）について，WBSを作りなさい．

参考文献

Hammer, M. and J. A. Champy（1993）*Reengineering the Corporation : A Manifesto for Business Revolution*, Harpercollins.（野中郁次郎監訳『リエンジニアリング革命―企業を根本から変える業務革新』日本経済新聞社，1993年）

Project Management Institute（2004）*A Guide To The Project Management Body Of Knowledge*, Project Management Institute.（PMI東京支部訳『プロジェクトマネジメント知識体系ガイド　第3版』2004年）

《推薦図書》

1. Hammer, M. and J. A. Champy（1993）*Reengineering the Corporation : A Manifesto for Business Revolution*, Harpercollins.（野中郁次郎監訳『リエンジニアリング革命―企業を根本から変える業務革新』日本経済新聞社，1993年）

    リエンジニアリング，BPRブームの火付け役となった書籍であり，基本的な考え方や事例が紹介されている．

2. Project Management Institute（2004）*A Guide To The Project Management Body Of Knowledge*, Project Management Institute.（PMI東京支部訳『プロジェクトマネジメント知識体系ガイド　第3版』2004年）

    PMBOKの原典であり，プロジェクト管理の実務指針が取りまとめられている．

3. 佐藤義男（2005）『新版　PMBOKによるITプロジェクトマネジメント実践法―PMBOKガイド』ソフトリサーチセンター

    IT開発プロジェクトの観点から，PMBOKの適用方法を解説している．

第11章の要約

　本章では，開発されたITの運用面に着目する．ITの活用により経営成果を引き出していくには，運用段階においても適切なマネジメントが必要となる．とくに，経営・業務環境の中でITが不可欠になった今日，コーポレート・ガバナンスや内部統制といった経営の中枢的機構の一角として情報セキュリティとITに関連するリスクのマネジメントの重要性が高まっている．本章では，まず情報システムのセキュリティを論じ，セキュリティ技術，内部統制とリスクマネジメントについてもふれる．

第11章　情報セキュリティとリスクマネジメント

1. IT 事故の影響の増大

　情報システム，IT が企業の中で重要な役割を担うようになった反面，IT にかかわる事故の影響も増大している（経済産業省，2005）．ここで，IT 事故とは，災害，コンピュータウイルス，ワーム，不正アクセスなどの外部要因，システム障害や従業員，委託先の過失・犯行などの内部要因によって生ずる事故あるいは事件である．近年ではつぎのような IT 事故が生じている．

事例：東京証券取引所の売買システム

　株式の売買処理に関して，情報システムに全面的に依存している東京証券取引所で，2005年11月1日の朝，情報システムの障害が発生し，株券，転換社債型新株予約権付社債券などの全銘柄の売買が停止した（東京証券取引所，2005）．過去にもシステム障害が発生したことがあるが，株式全銘柄が取引不能となったのは初めてのことだった．注文処理能力の増強対応にともなうテスト環境から本番環境への移行の際に不手際があり，プログラム構成，読み込む情報に誤りがあったことが原因とのことであった．投資者の取引機会を半日間奪う結果になり，市場不安を引き起こした．

事例：大手 IT 企業の顧客情報漏洩

　大下 IT 企業グループの通信事業会社から数百万件の顧客情報（住所，氏名，電話番号，申込日，メールアドレス）が持ち出され，同社が恐喝されそうになるという事件がおこった．その後，業務委託者として従事した者がサーバへアクセスするアカウントとパスワードを容疑者らに漏らし，容疑者らが同サーバから顧客データベースへ不正にアクセスし，顧客情報を持ち出したとのことであった．容疑者が逮捕され，二次流出や悪用は確認されなかったが，全会員にお詫びとして500円相当の金券を支給した．その他臨時措置の経費を含め，当

期に特別損失31億円を計上することとなった．

ITは，企業間情報システムとしてネットワーク化され，一企業で生じたIT自己の影響が他の企業や社会全般に波及する危険も増している．さらに，ITが社会システムやインフラストラクチャとしても重要な機能を果たしている今日，サイバー・テロリズム（cyber terrorism）の脅威も無視しえない．サイバー・テロリズムとは，コンピュータやネットワークを駆使した政治的主張や理想を達成するための破壊的行為である．情報システムやネットワークが社会システムの重要な基盤となったため，情報システムやネットワークはテロの標的となりうる．行政，金融，航空管制，電力等の情報通信システムに不正侵入することにより，システム自体の誤動作，停止，破壊および重要情報の不正取得，改ざん，ウィルス投与を行うといった行為が想定される．アメリカでは，1990年代半ばに，サイバー・テロリズムの危険性に対する警告と対応策の必要性が指摘されるようになった．

2. 情報セキュリティとその対策

(1) 情報セキュリティとその要件

IT事故は，組織内外からさまざまな脅威によって引き起こされるが，このような脅威から企業の情報システムを守らなければならない．そこで重要となるのが情報セキュリティである．情報セキュリティは，さまざまな脅威から情報や情報システムといった情報資産を保護し，情報資産が安全であることである．

情報セキュリティには，機密性（confidentiality），インテグリティ（integrity），可用性（availability）という3つの要件が求められる．機密性とは，許可された者が許可された方法でのみ情報にアクセスできることを確実にし，不正アクセスから情報が保護されている状態である．インテグリティは，正確性，完全性，一貫性などの意味であり，情報およびその処理方法が正確，完全な状態の

ことである．誤った情報が投入されたり，不適切なプログラム処理で間違った結果を生成しないようにしなければならない．可用性は，情報あるいは情報システムに必要なときに，利用できる状態のことをいう．システムダウンが生じた場合，業務活動が停止してしまう．

(2) 情報セキュリティの対策

情報セキュリティを確保するための手段として，物理的対策，技術的対策に加えて，管理的対策，人的対策を講ずる必要がある．

1) 物理的対策

建物，構造，設備，装置などに関する対策であり，構造的強化，無停電電源，入退室監視などである．災害や不正進入に対する対応策として重要である．

2) 技術的対策

情報システム技術による対策であり，認証，暗号化，ファイアウォール，フォールトトレラント技術などの採用である．

3) 組織的・管理的対策

情報セキュリティに関する管理規程，内部統制手続き，各種マニュアルの整備，情報セキュリティ・マネジメント・システム（ISMS）の導入，コンティンジェンシープラン（不足事態対応計画）や事業継続計画（BCP）の策定，システム監査の実施などである．

4) 人的対策

関係者に対するセキュリティや運用に関する教育，セキュリティ意識の啓発，情報セキュリティに関する責任と権限の設定と徹底などである．

(3) 情報セキュリティの基盤技術

情報セキュリティは，上述のように狭義の技術だけではなく，組織的・管理的，人的な面から対策を講じなければならない．しかし，今日の情報技術，とくにインターネットの技術的発展やインターネットビジネスの発展を考えると，

情報セキュリティの基盤技術の研究開発と実用が望まれる．

　情報セキュリティの重要な基礎技術となっているのが暗号技術（cryptography）である．暗号技術は，もとのデータ（平文）をなんらかの規則により変換（暗号化）し，関係者以外への情報の漏洩を防ぐ技術である．変換したデータを暗号文とよぶが，暗号文を平文に戻すことを復号化とよぶ．暗号化，復号化に必要な情報が鍵であり，鍵を盗まれない限り，文を復号化することは容易にはできない．

　暗号化と復号化の鍵の異同により，共通鍵暗号方式と公開鍵暗号方式とに分かれる．秘密鍵暗号方式は暗号化と復号化で同じ鍵を用いる．これに対し，公開鍵暗号方式は2つの鍵を使う．一方は広く公開する公開鍵で，他方は厳重に管理する秘密鍵である．秘密鍵で暗号化されたデータは公開鍵でしか復号できず，公開鍵で暗号化されたデータは秘密鍵でしか復号できない．特定少数間でのやり取りには共通鍵暗号方式が適しているが，多数関係者での運用には公開鍵暗号方式の方が鍵の管理が容易である．代表的な共通鍵暗号方式にはDES，公開暗号鍵にはRSA暗号がある．

　今日，コンピュータや通信でのデータ保護はもちろんのこと，電子署名，認証といった情報セキュリティの機能，仕組みは暗号技術をベースに構築されている．その意味で暗号技術を理解しておくことは重要である．

3. 情報セキュリティ・マネジメントシステム

(1) ISMSとは

　ITの重要性と同時に脅威も高まっている状況の中で，企業は情報セキュリティを適切に管理することが不可欠となっている．それを行っていくためには，情報セキュリティの管理に関する取り組みを制度化し，恒常化させることが有効である．

　情報セキュリティ・マネジメントシステム（ISMS：Information Security Management System）は，組織の中で情報を適切に利用するうえで，そして情

報システム環境を運用するうえで，情報セキュリティを確保・維持するためのマネジメントシステムである．まず，計画段階でセキュリティポリシーの策定や目標とするセキュリティレベルの設定を行い，そのための実施策を立案する．実行段階では，その計画に基づき実施策の導入や運用を行う．そして，実施状況の監視・評価やリスクアセスメントをとおして改善を行っていく．ISMSはこのようなPDCAサイクルを廻すことにより，情報セキュリティレベルの向上を図る組織内部の制度である．

(2) ISMSの標準規格と適合性評価

ISMSに関しては，1995年にイギリス規格協会（BSI）がISMSの標準規格としてBS7799を策定し，2000年に実践規範であるBS7799 Part 1がISO/IEC 17799として国際標準化された．日本では，日本情報処理開発協会（JIPDEC）が，企業がBS7799 Part 2がベースとなったISO/IEC 27001に準拠していることを認証するISMS適合性評価制度を推進している．ISMS認証基準には，セキュリティポリシー，セキュリティ組織，情報資産の分類および管理，人的セキュリティ，物理的および環境的セキュリティ，通信および運用管理，アクセス制御，システムの開発およびメンテナンス，事業継続管理，準拠という10の詳細管理策の領域が定められている．しかしこれらすべての実施策の領域が必要というわけではなく，リスク評価および要求されるシステム保証レベルに基づき管理策を選択し実施する．そのためのプロセスとして，情報セキュリティの管理や対策に対する基本的な考え方をとりまとめたセキュリティポリシーの策定に始まるISMS確立のためのステップが示されている（図表11－1）．

4. システム監査

組織的・管理的対策の一環として，またコーポレート・ガバナンスの観点から，情報システムの客観的な第三者による点検・診断も有効である．システム監査は，コンピュータ・システムの信頼性，安全性，効率性等を確保するため

図表11−1　ISMS確立のステップと管理策

●ISMSの詳細管理策

ISMS認証基準詳細管理策（要約）	
・セキュリティポリシー	・通信および運用管理
・セキュリティ組織	・アクセス制御
・情報資産の分類および管理	・システムの開発およびメンテナンス
・人的セキュリティ	・事業継続管理
・物理的および環境的セキュリティ	・準拠

●ISMS確立のステップ

STEP1　情報セキュリティポリシーを策定する → ポリシー文書

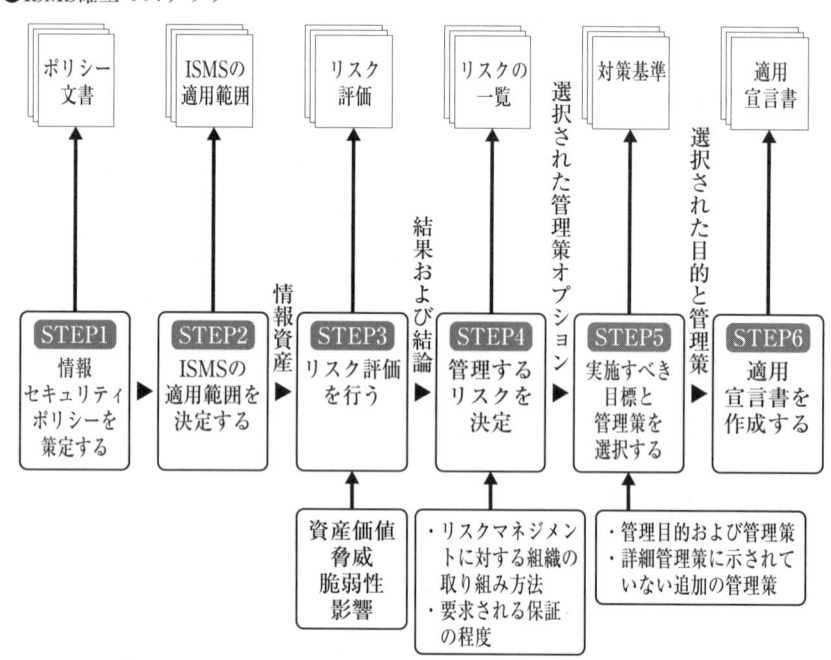

STEP2　ISMSの適用範囲を決定する → ISMSの適用範囲

STEP3　リスク評価を行う → リスク評価
（情報資産／資産価値・脅威・脆弱性・影響）

STEP4　管理するリスクを決定 → リスクの一覧
（結果および結論／・リスクマネジメントに対する組織の取り組み方法・要求される保証の程度）

STEP5　実施すべき目標と管理策を選択する → 対策基準
（選択された管理策オプション／・管理目的および管理策・詳細管理策に示されていない追加の管理策）

STEP6　適用宣言書を作成する → 適用宣言書
（選択された目的と管理策）

出所）日本情報処理開発協会（2001）などに基づき作成

に，監査対象から独立かつ客観的立場のシステム監査人が情報システムを総合的に点検および評価し，組織体の長に助言および勧告するとともにフォローアップする一連の活動である．とくに，システム監査人が独立かつ客観的立場であることが重要であり，情報システムの実施や管理の当事者ではない立場から情報システムおよびそのマネジメントを点検・評価する．

　システム監査では，まずシステム監査人が対象とする情報システムの監査を

実施し，それをシステム監査報告書に取りまとめる．システム監査報告書は，経営者に提出され，経営者は改善勧告に基づき必要な指示を被監査部門（システム部門，利用部門等）にする．さらに，システム監査人は，改善の促進を図るためのフォローアップを行う．

システム監査により，システムの障害を未然に防いだり，障害が発生してもその影響を最小限に抑え，情報システムの信頼性を高めることが可能となる．また，自然災害の影響を最小限にし，情報の漏洩，改ざん，不正アクセスを防ぐことができ，情報システムの安全性を高めることができる．さらには，企画，開発，運用の改善と適正化により，情報システムの効率性，有効性を向上できる．

わが国では，1985年に通商産業省から「システム監査基準」が策定され，1996年に改訂が行われた．そして，2004年にも改訂が行われ，新たな「システム監査基準」「システム管理基準」が策定された．システム監査は，法的に義務化されているわけではなく，実施率は徐々に増加しているが，平均的には4割程度と高くない．業界による違いも大きく，金融サービス，情報サービスでの実施率は高いが，その他業種では低くなっている．

5. COSOフレームワーク─内部統制とERM

(1) COSOの内部統制フレームワーク

コーポレート・ガバナンスの観点から，内部統制に対する認識も高まっており，業務の中での情報システムが不可欠な道具となっていることからITのマネジメントとしても無視できない課題である．

アメリカのトレッドウェイ委員会組織委員会（COSO：the Committee of Sponsoring Organization of the Treadway Commission）によれば，内部統制は，業務の有効性と効率性，財務報告の信頼性，コンプライアンスに関する目的を達成するために，合理的な保証を提供することを意図した，取締役会，経営者，および従業員によって遂行されるプロセスである．1992年，COSO（1992）は

『内部統制：統合フレームワーク』を発表し，内部統制（internal control）の重要性を指摘した．会計と財務報告が重要な領域であるが，事業活動全般を対象とし，経営者の観点に立脚したフレームワークである．内部統制は，業務の有効性と効率性，財務報告の信頼性，コンプライアンスに関する目的を達成するために，合理的な保証を提供することを意図した，取締役会，経営者，および従業員によって遂行されるプロセスである．

COSO の内部統制フレームワークは，バーゼル委員会『銀行組織における内部管理体制のフレームワーク』（Basle Committee on Banking Supervision, 1998）や，日本の『金融検査マニュアル』（金融監督庁，1999）でも参考にされた．

アメリカではエンロンやワールドコムの粉飾決算や破綻の契機に，2002 年に成立したサーベンス・オクスリー（SOX）法により，内部統制システムの構築・運用が経営者の義務であること，そして監査・監査意見表明が外部監査人の義務であることが定められた．

(2) エンタープライズ・リスクマネジメント

COSO は，2004 年には，『全社的リスクマネジメント：統合フレームワーク』を発表し，全社的リスクマネジメント（ERM：Enterprise Risk Management）の必要性を提唱した（COSO, 2004）．

ERM は，事業目的の達成について合理的な保証を提供するために，戦略策定を始め全領域に適用され，事業体に影響を及ぼす「潜在的事象」を認識し，「リスク」を一定範囲内に治めるための，取締役会，経営者，従業員によって遂行されるプロセスである．ERM フレームワークは，4 つの目的と 8 つの構成要素，そして組織の単位との相互関係で示されている（図表 11 - 2）．内部統制の目的に加え，戦略（組織ミッションに関する最高次の目的）が新たに目的として加えられた．しかし，ERM は「内部統制を含む」という関係になっており，内部統制は ERM においても重要な要素として位置づけられている．

また，旧来のリスクマネジメントとの違いは，個々のリスクを個別に管理す

図表 11 − 2　COSO ERM の体系

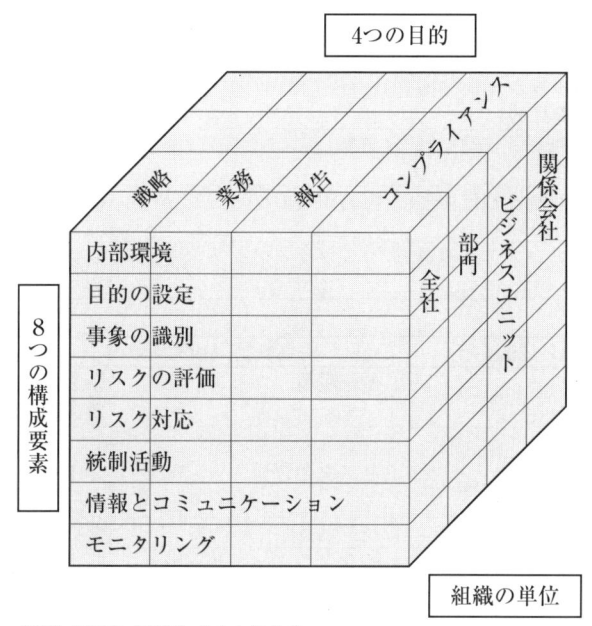

4つの目的

8つの構成要素：内部環境／目的の設定／事象の識別／リスクの評価／リスク対応／統制活動／情報とコミュニケーション／モニタリング

4つの目的：戦略／業務／報告／コンプライアンス

組織の単位：全社／部門／ビジネスユニット／関係会社

出所）COSO（2004）をもとに作成

るのではなく，組織全体のリスクを対象に，組織全体で統括管理するという点である．

内部統制フレームワークに比べ，ERM フレームワークで明確になった概念として，つぎのものがある（図表 11 − 3）．

① 戦略と不可分なリスク

戦略の策定をとおして，リスクを検討する．

② リスクと機会の区別

「リスク」を組織体の目的達成にマイナスの影響を及ぼす事象が発生する可能性と定義し，「機会」を組織体の目的達成にプラスの影響を及ぼす事業が発生する可能性と定義する．

③ リスク・アピタイト（リスク許容限度，リスク選好）の考え方

組織体が受け入れようとするリスクの大きさを「リスク・アピタイト」と定

第11章 情報セキュリティとリスクマネジメント

図表11－3 COSOの新旧フレームワークの目的と構成要素の対比

〔目的〕

COSO-ERM（2004年）	COSO-内部統制（1992年）	変更点
① 戦略（組織ミッションに関する最高次の目的）	－	新目的の追加
② 業務（効率的かつ有効な資源活用の目的）	① 業務	変更なし
③ 報告（内外の報告の信頼性にかかわる目的）	② 財務報告	概念の拡大
④ コンプライアンス（法規遵守の目的）	③ コンプライアンス	変更なし

〔構成要素〕

COSO-ERM（2004年）	COSO-内部統制（1992年）	変更点
① 内部環境	① 統制環境	概念の拡大
② 目的の設定	－	新構成要素として追加
③ 事象の識別	② リスクの評価	分割と内容高度化
④ リスクの評価		
⑤ リスク対応		
⑥ 統制活動	③ 統制活動	変更なし
⑦ 情報とコミュニケーション	④ 情報とコミュニケーション	概念の拡大
⑧ モニタリング	⑤ モニタリング	変更なし

出所）COSO（2004），CIAフォーラムERM研究会（2005）をもとに作成

義する．経営者は，戦略から期待されるリターンを，リスク・アピタイトを定めたうえで，それと整合性をもたせることが必要であるとしている．

④　ポートフォリオによる管理

個々のリスクそれぞれに焦点を当てて個別的に管理することの他に，組織体が負っているすべてのリスクを集合体としてとらえ，全体としてのポートフォリオの観点からも管理することを提唱している．

(3) ERMの実践プロセス

COSOのERMフレームワークの「8つの構成要素」は，ERMの実践的なプロセスを示している．

①　内部環境

内部環境は，他のERMの構成要素の基礎となるものである．規律や構造を

決定し，事業体の倫理観，構成員のコンピテンシー，経営スタイルなどを含んでいる．経営者は，ERM の理念，リスク許容度を決定し，リスクカルチャーを形成する．

② 目標設定

ミッションとビジョンに基づいて事業体の目標を設定するプロセスである．さまざまな事象が事業体にどのように影響するか，を把握するためには，目標設定が必要である．

③ 事象の特定

事業目標の達成に影響を与える事象には，ポジティブなものとネガティブなものがある．このうち，ネガティブのものをリスクとして特定する．

④ リスクの評価

リスクを，発生可能性と重要性の両面から評価し，どのようにリスクを管理するかの基礎とする．

⑤ リスクへの対応

リスクは，発生可能性と影響度の面から評価し，対応手段を決定する（図表11 - 4）．リスク（R）を，許容できる範囲にまで減少させる対応策（C）を検討する．対応策を講じた後の残存リスク（E）を吟味する必要がある．対応手段は，個々に唯一の方法を想定しているわけではなく，適宜組み合わせによる対応を行う．

組織のリスクに対する許容度との整合をとり，リスクへの対応策を，受容（そのまま受入れる），回避（リスクを切り離す），低減（影響度・発生確率を軽減させる），分散（保険・契約などによる他への転嫁・移転）といった方向の中から選択する（図表11 - 4）．

⑥ 統制活動

リスクへの対応を確実にし，実行を効果的に行えるように，方針と手続きを設定する．

第11章 情報セキュリティとリスクマネジメント

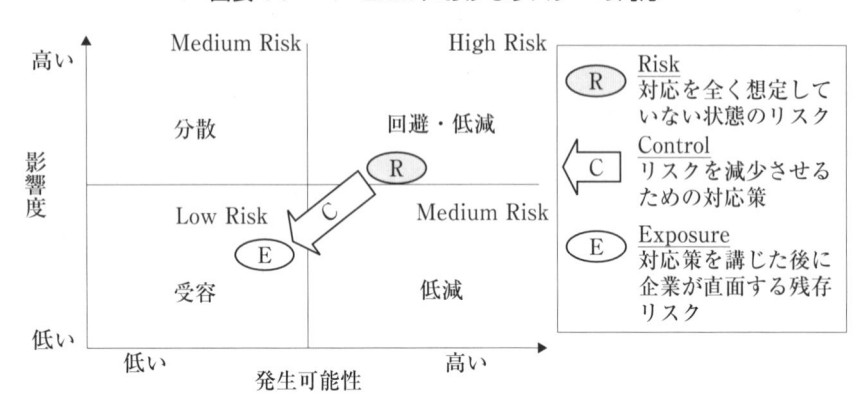

図表11－4　ERMにおけるリスクへの対応

高い　影響度　低い	Medium Risk　　　　High Risk 　分散　　　　　回避・低減 　　　　　　　　　　R Low Risk　　　　Medium Risk 　　　　　C 　　　E 　受容　　　　　　低減 　　　低い　　　　　高い 　　　　　発生可能性	R　Risk 　　対応を全く想定していない状態のリスク C　Control 　　リスクを減少させるための対応策 E　Exposure 　　対応策を講じた後に企業が直面する残存リスク

⑦　情報とコミュニケーション

関連する情報が識別・把握され，組織成員が責任を達成できるように決められた時期に定められた様式で伝達される．

⑧　モニタリング

事業リスクマネジメントの全体プロセスを監視し，必要に応じて修正を行う．モニタリングは，定常的なマネジメント活動の中か，それとは独立した評価のいずれか，または双方により行われる．

6. 情報セキュリティと内部統制の関連法

情報セキュリティを適切に推進していくうえでは，法令の遵守が必要となる．そこで，情報セキュリティと内部統制の関連法について概説する．

(1) 情報セキュリティに関する法律

情報セキュリティに関しては，多くの関連法が整備されてきた．2000年に施行された不正アクセス禁止法は，「電気通信回線を通じて電子計算機に係る犯罪の防止及びアクセス制御機能により実現される電気通信に関する秩序の維持を図り，もって高度情報化社会の健全な発展に寄与すること」を

目的とした法律である．他人のID・パスワードを奪取・盗用して，その者になりすましてアクセス認証をクリアする行為などを犯罪として定義し，罰則を定めている．

2001年に施行されたIT基本法（高度情報通信ネットワーク社会形成基本法）は，高度情報通信ネットワーク社会の形成に関する基本方針を定めた法律であり，日本の情報政策の基本的な方針を定めている．第22条には，高度情報通信ネットワークの安全性の確保について「高度情報通信ネットワーク社会の形成に関する施策の策定に当たっては，高度情報通信ネットワークの安全性及び信頼性の確保，個人情報の保護その他国民が高度情報通信ネットワークを安心して利用することができるようにするために必要な措置が講じられなければならない」と言及されている．

e文書法は，「民間事業者等が行う書面の保存等における情報通信の技術の利用に関する法律」と「同法施行に伴う関係法律の整備等に関する法律」の2つの法律の総称であり，2005年に施行された．従来，紙による保存を義務付けられている書類に関する200以上の法律のうち一部の例外を除き電子文書での保存を可能とする法律である．電子文書も一定の要件を満たせば原本とみなし，これにより保存・管理のための事務負担が軽減される．しかし，あわせて情報セキュリティ面の整備も不可欠となる．

2005年施行の個人情報保護法（個人情報の保護に関する法律）は，個人情報の不正使用や流出・盗難等を防ぎ，個人情報を保護するためのものであり，個人情報を扱う事業者が個人情報を適切に取得・利用・管理することを定めている．法律ではないが，個人情報保護分野でのJIS規格としてはJIS Q 15001がある．JIS Q 15001は，事業者が保有する個人情報を保護するための方針，組織，計画，実施，監査および見直しというマネジメントシステムを構築するための要求事項が示されている．財団法人日本情報処理開発協会によるプライバシーマーク（Pマーク）制度は，IS Q 15001の要求事項に準拠しているかを審査し，プライバシーマークの使用を認める制度である．

(2) 内部統制に関する法律

1980年代半ば以降，トレッドウェイ委員会の設立やCOSOフレームワークの発表により，コーポレート・ガバナンスの観点からも内部統制の重要性は理解されてきた．しかし，2001年のエンロンの粉飾決算と破産以降，アーサー・アンダーセン，ワールドコムと企業の不正会計事件が相次いだ．企業側の不正だけでなく，監査法人，証券会社に対する疑念も高まり，証券市場全体の信頼が揺らぐ状況となった．アメリカ議会はこのような状況に対し，迅速に対応し，2002年企業改革法（U. S. Public Company Accounting Reform and Investor Protection Act of 2002）を議員立法した．一般には，提案議員の名前からSarbens-Oxley Act，略してSOX法とよばれている．

SOX法は，企業の不正会計の防止や証券市場の適正化の観点から広範な規制内容を含んでいる．企業側にとってとくに重要なのは，302条，906条の財務報告に関する会社の責任と経営者の民事・刑事責任，404条の経営者による内部統制の評価である．内部統制の評価では，財務報告に関するコンピュータ処理プロセスの内部統制評価も含まれ，重要なアプリケーションシステムやコンピュータ処理環境の特定が必要となる．

日本では，SOX法の影響を受け，類似の会計監査制度の整備と企業の内部統制強化を図る金融商品取引法（証券取引法等の一部を改正する法律およびその整備法）が2006年に成立した．SOX法との関係で，日本版SOX法，J-SOX法ともよばれている．同法では緊急性の高い条項からの段階的に施行されるが，内部統制報告書の提出・監査に関しては2009年3月期の本決算から上場企業およびその連結子会社を対象に適用される．

演・習・問・題

問1　新聞，雑誌等により近年のIT事故を調べ，どのようなタイプの事故が存在するか，そして各タイプの事故が与える社会的，経済的影響を述べなさい．

問2　情報セキュリティに関して企業が取り組まなければならない対策を整理しなさい．

参考文献

Basle Committee on Banking Supervision (1998) *Framework for Internal Control Systems in Banking Organisations*, Basle Committee.

CIA フォーラム ERM 研究会 (2005)『ERM についてのよくある質問集 (FAQ)』日本内部監査協会 CIA フォーラム ERM 研究会

COSO (1992) *Internal Control - Integrated Framework (Executive Summary)*, Committee of Sponsoring Organizations of the National Commission.

COSO (2004) *Enterprise Risk Management - Integrated Framework (Executive Summary)*, Committee of Sponsoring Organizations of the National Commission.

金融監督庁 (1999)『金融検査マニュアル』金融監督庁

経済産業省 (1996)『システム監査基準 (1996 年改訂)』経済産業省

日本情報処理開発協会 (2001)『ISMS 情報セキュリティマネジメントシステム適合性評価制度の概要』財団法人日本情報処理開発協会

日本情報処理開発協会 (2002)『システム監査の普及と基準のあり方に関する報告書』日本情報処理開発協会

日本情報処理開発協会 (2004)『不正アクセス行為等対策業務に係る普及啓発活動 (システム監査制度の調査・普及活動)』財団法人日本情報処理開発協会

東京証券取引所 (2005)「株式・CB 売買システムの障害発生に関する再発防止措置等について」東京証券取引所ホームページ
http://www.tse.or.jp/news/200511/051115_b.html

《推薦図書》

1. 経済産業省 (2003)『情報セキュリティ総合戦略』経済産業省
   情報セキュリティに関する対応策の基本的な考え方と具体施策が取りまとめられている.

2. 経済産業省 (2005)『企業における情報セキュリティガバナンスのあり方に関する研究会報告書』経済産業省企業における情報セキュリティガバナンスのあり方に関する研究会
   企業レベルでの情報セキュリティガバナンスを確立し,支援するためのツールとして情報セキュリティ対策ベンチマーク等が示されている.

第Ⅳ部
ナレッジマネジメント

- 第Ⅳ部
  ナレッジマネジメント
  第12章　組織における知識創造
  第13章　ナレッジマネジメントとIT

- 第Ⅰ部
  ITと価値連鎖マネジメント

- 第Ⅲ部
  ITのガバナンスとマネジメント

- 第Ⅱ部
  ITと経営戦略

情報・知識管理

第12章の要約

　本章では，現代社会が知識社会であることを確認したうえで，企業にとっての知識の重要性と組織における知識創造のプロセスを理解し，新たな方向性を展望することを目的とする．
　1. の「知識社会の到来」では，知識の重要性を理解するとともに，20世紀中盤から登場した工業社会の成熟化と知識社会の到来を予測する議論を概観する．2. の「組織的知識創造理論」では，現在展開されている代表的な理論を紹介し，組織のなかで知識が創造されるプロセスについて学習する．あわせて，暗黙知と形式知，SECIモデルなどその中核的な概念を紹介する．3. の「ナレッジマネジメントの確立」においては，情報通信技術の発達とあいまって登場した経営手法としてのナレッジマネジメントについて，企業経営における位置づけや推進体制について検討する．4. の「新たな視点」では，「場」の理論，実践共同体，オープン・ネットワークにおける知識創造といった近年注目される視点を提供し，今後の議論の方向性を展望する．

第12章 組織における知識創造

1. 知識社会の到来

(1) 工業社会から知識社会へ

21世紀，われわれの生きる現代社会は「知識社会」とよばれている．では，知識社会とはなんだろうか．それは，単なるものや資本ではなく，知識が価値の中心となる社会である．知識社会では，人びとが知識を既存のものとして受け取るだけではなく，新たな知識を主体的に創造することが求められる．もちろん組織やビジネスにおいても同様のことがいえる．本章は，ビジネスにおける知識の重要性と組織における知識創造についての基本的な枠組みを理解することを目的とする．

20世紀中盤を過ぎて，産業革命以降発展してきた「工業社会（産業社会）」が成熟化するなかで，多くの研究者たちが21世紀は情報や技術などに象徴される知識が支配する社会であると主張してきた．こうした議論が始まった1960年代は，知識の重要性についての合意はあるものの，明確に「知識社会」という名称ではなく「工業社会」のつぎに来る社会という形で論じられた．それが，ベル（Bell, D.）の「脱工業社会」論であり，ドラッカー（Drucker, P. F.）の「ポスト資本主義社会」論である．

(2) ベルの「脱工業社会」論

たとえば社会学者のベル（Bell, 1973）は，来るべき社会を「脱工業社会（post industrial society）」とよんだ．彼は脱工業化社会の特徴として，つぎの2つをあげている．第1の特徴は，「モノからサービスへの移行」である．これまでの社会においては，基本的にサービスはモノの生産に対して補助的な役割しか果たしていなかった．しかし現在では，教育，健康，公共などの対人サービスやシステム分析，研究開発といった専門的なサービスが社会における重要な役割を果たすようになってきている．

第2の特徴は，知識が社会変革の戦略資源になるという点である．工業社会においては資本と労働が重要な要素であったが，新しい社会では知識が社会における重要な要素としての中核をなしていく．知識社会はさまざまなイノベーションを背景として，社会や技術の構造に関わる「原則」も新しく変えていくと彼は主張している．

(3) ドラッカーの「ポスト資本主義社会」論

ベルと同様に経営学者ドラッカー (Drucker, 1969, 1993) は，「ポスト資本主義社会」として来るべき社会の課題を洗い出してきた．彼は新しい社会の中核を占めるようになる人材は，知識労働者 (knowledge worker) およびサービス労働者であると位置づけた．こうした人びとの生産性を高めるためには生涯学習や外部委託も必要になり，それに関連する新たな産業が発展することになる．

一方で，ドラッカーは，新しい社会においては家族的な人間関係が希薄になるが，その分コミュニティへの帰属が求められ，ボランティアを希望する人が増えるという見方もしている．また，マネジメントの重要性を常に主張している彼は，企業のみならず官庁・非営利組織にもマネジメントの概念が導入されると考えた．

(4) 新しい社会の現実化

20世紀中盤にベルやドラッカーが予測した未来は，その後，急速に現実化していった．産業構造の転換，情報通信技術の発達，非営利セクターの発展といった現象は，想像に過ぎなかった「知識社会」を徐々に目に見えるものとしていったのである．こうして20世紀も終わりに近づいてくるにつれて，国家やビジネス，人や組織における知識の重要性は，いたるところで叫ばれるようになった．こうした状況をバートン＝ジョーンズ (Barton-Jones, A., 1999) は「知識資本主義」とよび，労働，学習，ビジネスの形態が大きく変化していることを指摘している．

知識社会の到来は当然企業経営においても強いインパクトを与えることになる．企業経営にとって知識が重要であるとすれば，その知識を創造し，蓄積し，活用する知識創造のマネジメントに関する理論や手法が求められる．以下に示す組織的知識創造理論や第Ⅳ部の中心テーマであるナレッジマネジメントの概念は，そうした背景のもとに注目されてきたものである．

2. 組織的知識創造理論

(1) 日本企業からの知見

知識を中心においた経営学の理論として，野中郁次郎ら (1999) の「組織的知識創造理論 (organizational knowledge creation theory)」がある．野中らは，1980年代当時世界的に注目された日本企業における製品開発プロセスを中心に研究し，個人の知識を組織の知識へと転換し新たな知識を創造していくプロセスをモデル化した．そして，これまでの経営学にしばしばみられるような「情報処理パラダイム」（組織を情報処理システムとしてとらえる考え方）を超え，「知識創造パラダイム」（組織を知識創造の主体としてみる考え方）を提案している．

この理論の第1の特徴は，単なる経営学上の議論にとどまらず，哲学的・認識論的な視点を強調しているところにある．第2の特徴は，ホンダや日産，松下電器，アサヒビールなど，日本を代表するメーカーの事例企業を議論の出発点としているところである．したがって，当初組織的知識創造理論は，1980年代の日本企業の強みを理論的に説明しているものでもあったといえる．

その後，組織的知識創造理論はアメリカにおいても紹介され，企業の実践的経営手法としてのナレッジマネジメント (knowledge management) の理論的バックボーンとして使用されるようになる．また，経営学の学問分野としては，経営戦略論において1990年代から注目され始めた資源ベースビュー (resource based view) の発展形態のひとつとして位置づけられ，「知識ベースビュー (knowledge based view)」という視点から議論が行われている．

(2) 暗黙知と形式知

　組織的知識創造理論において，知識とは「正当化された真なる信念（justfied true belief）」と定義される．また，知識は，「暗黙知」と「形式知」に区分される．暗黙知の概念は，文化人類学者ポラニー（Polanyi, M.）の研究の成果を援用したものである．知識創造理論によれば，暗黙知とは語ることが難しい知識であり，言語化困難な知識のことである．現場のノウハウ，熟練工の技能，研究者の独創的視点，顧客接点での対応力，製品開発プロジェクトのインフォーマルな展開方法は，なかなか言葉ですべてを表すことができないものがある．これが企業経営における「暗黙知」の例である．

　これに対して，「形式知」とは，簡単にいえば「形（かたち）」にできる知識のことをいう．かたちにできるということは文字や数値で表すことができるということでもある．業務手順などのマニュアルやガイドライン，カタログ，市場調査の報告書，製品の仕様書，日報や稟議書などのさまざまなドキュメントはまさに文字にされた形式知といえる．さらに近年の情報通信技術の発達によって，形式知の多くがデジタル化されるようになった．狭義でのナレッジマネジメントがコンピュータや情報システムと一体化して語られるようになったのはこのような理由からである．

　形式知が技術を使って会社全体で組織的に共有化しやすいのに対して，暗黙知を共有化することは非常に難しい．暗黙知を共有化するには，仕事の現場でのOJT（On the Job Training），ミーティングや研修など個人と個人が接するあらゆる場面を利用しなければならない．現在，日本において大量退職する「団塊の世代」の人びとの知識をどうやってつぎの世代に伝承していくかが大きな問題となっているのも，この暗黙知が絡んできていることによる．こうした暗黙知の伝えにくさを知識の「粘着性（stickiness）」という表現をする場合もある．つまりこれは，人（個人）と知識は密接不可分で「引き剥がしにくい」ということを意味している．

(3) SECI プロセス

　組織的知識創造理論では，個人，集団，組織全体のそれぞれのレベルで暗黙知と形式知を相互変換していくことが重要であるということを主張する．相互変換のプロセスは，暗黙知から暗黙知を獲得する「共同化（Socialization）」，暗黙知から形式知を獲得する「表出化（Externalization）」，形式知から形式知を獲得する「連結化（Combination）」，形式知から暗黙知を獲得する「内面化（Internalization）」の4つから構成される．それぞれのプロセスの頭文字をとって，これをSECI（セキ）モデルとよぶ．

　共同化とは，身体や五感を駆使した直接経験を通じた暗黙知の共有や創出とされる．表出化は対話や思考によって概念やデザインが創造される過程である．連結化は，形式知の組合せや編集による新たな知識創造のプロセスである．情報通信技術が最も効果的に機能するのは，この連結化である．内面化は行動や実践を通じて伝達された形式知を暗黙知として学習していくプロセスである．

図表12－1　SECIモデル

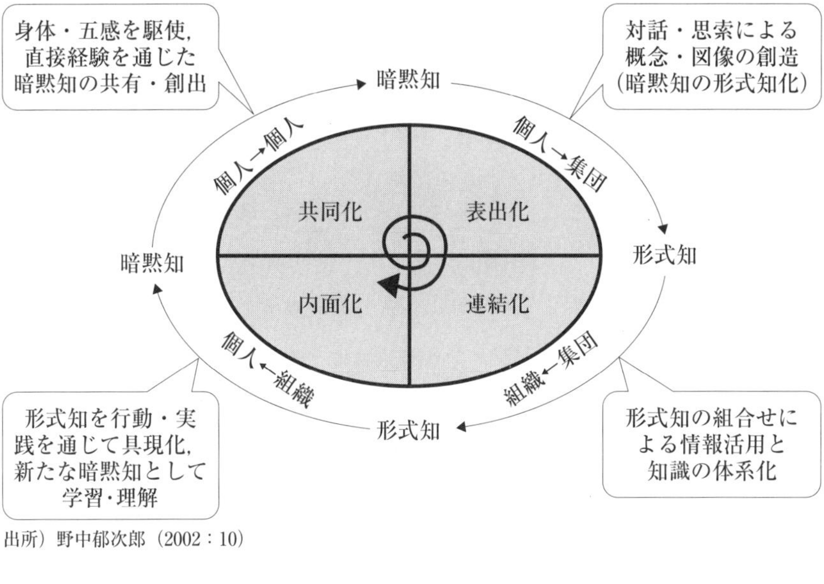

出所）野中郁次郎（2002：10）

組織的知識創造の視点からいうと，SECIモデルにおける暗黙知と形式知の相互変換プロセスは1回きりのものではなく，日常的に繰り返される継続的な活動でなければならない．

3. ナレッジマネジメントの確立

(1) 情報通信技術の発達と普及

　組織的知識創造理論が新しいマネジメントの理論として注目される一方，知識を中心としたマネジメントの実践手法も探索されるようになってきた．そこで，重要な資源である知識を伝達し，蓄積し，活用し，創造していくための道具（ツール）が求められるようになる．こうして誕生したのが，情報通信技術を積極的に活用するナレッジマネジメントである．ナレッジマネジメントにおける個別の情報通信技術の利用については次章で詳細に説明するので，本章では企業経営におけるナレッジマネジメントの重要性について考察する．

　1980年代以降，情報通信技術は企業経営において重要な役割を果たすようになった．ハードウエアの高速大容量化，ビジネス関連のアプリケーションソフトウエアの開発，そしてそれらを企業の現場で利用することのできるユーザの増加は，情報通信技術を活用したさまざまな経営手法の開発に拍車をかけた．狭い意味でのナレッジマネジメントは，こうした経営手法のひとつとして語られる．

　情報通信技術を活用したナレッジマネジメントは，組織的知識創造理論においては，SECIモデルのC（連結化）をサポートするツールとして位置づけられる．つまり，個人の形式知を集団の形式知に変換することに貢献する．逆にいえば，狭義のナレッジマネジメントの議論はその範囲に限られるということである．暗黙知が関与するSECIモデルの他のプロセスにおいては，情報通信技術のみでは必ずしも十分な効果は得られない．すでに述べたように，暗黙知はそれをもつ人間と密接不可分なものであると考えられるからである．

(2) ナレッジマネジメントの2つの側面

　組織的知識創造をめざす企業は，ナレッジマネジメントに2つの側面があることを理解しておく必要がある．その第1は技術的側面であり，第2は人間的側面である．技術はナレッジマネジメントの不可欠な構成要素であるが，それだけでは十分ではない．知識は本質的には人間の頭の中から生まれるものであり，人間が構成する組織の中で共有され，蓄積され，再利用される．また，そうした知的活動を行う人びとが交流することによって新たな知識が創造される．したがって，人間的側面を無視したナレッジマネジメントは機能しない．

　では，人間的側面とはどういうことか．組織構造，リーダーシップ，人事制度など，人にかかわるさまざまな要因が考えられる．組織構造においては，知識の獲得・共有・創造が促進されるような形へと再編成していかなければならないし，トップやミドルにおいては，知識の創造を重視し自ら進んで関与するリーダーシップが求められる．知的活動を重視し，すすんで知識の創造，獲得・共有に取り組む人材を高く評価するような人事制度や報酬システムを策定・運用することも必要となってくる．また，仕事のプロセスそのものも知識の共有・活用・創造という視点から再設計することが求められる．とくに重要なのは，企業としてどのような知識に価値を置き，どのような知識を創っていくのかという知識ビジョンやナレッジマネジメントのポリシーを明確にすることである．

(3) ナレッジマネジメント推進の方向性

　ハンセンら（Hansen, M. T., N. Nohria and T. Tierney, 1999）は，知識そのものを商売道具とするコンサルティング企業などプロフェッショナルサービスファーム（PSF）のナレッジマネジメントの特徴を分析し，その戦略的方向性が大きく2つに分かれることを指摘している．これは，前述のナレッジマネジメントの2つの側面に相当する．技術的側面をより重視した「コード化戦略（codification）」と人間的側面をより重視した「個人化戦略（personalization）」

図表12-2 2つの知識戦略

	コード化戦略	個人化戦略
経済の論理	再利用の経済	専門性の経済
情報技術への投資	データベース系へ積極的投資	コミュニケーション系へ中程度の投資
目的	形式知の再利用によるコスト削減	暗黙知の伝承による高付加価値化
プロジェクト	比較的多数	比較的少数

出所）Hansen, Nohria and Tierney（1999）より筆者作成

である．この発想は，一般企業においても適用することが可能である．ティアニーらはいずれかの戦略を選ぶことの重要性を主張しているが，野中らは現実には必ずしも二者択一がよいわけではないと主張している．どのような戦略的方向性をとるかは，それぞれの企業がおかれている状況や企業のもつ知識ビジョンによって異なってくる．

第1のコード化戦略は，「再利用の経済（economics of reuse）」の論理に基づくものである．ここでは「個人や組織の知識はコード化してデータベースに入力できる」という前提があるため，データベース系の情報通信技術への積極的投資を行う．また，構築したデータベースには必要なメンバー全員ができるだけ容易にアクセスできるようにする．コード化戦略をとる企業では形式知の再利用による全体コスト削減が可能であり，比較的多数のプロジェクトを同時並行的に走らせることができる．代表的な企業の例としてアクセンチュアなどがあげられる．この戦略は，SECIモデルでいえば連結化のプロセスに注目するものであるといえる．

これに対して，人間的側面をより重視する個人化戦略においては，「専門性の経済（economics of expert）」の論理が働く．それは，「知識とそれを生み出した個人は不可分である」という前提に基づくものである．個人化戦略においては，知識はそれを保有する人びととのコミュニケーションによって組織的に伝承される．したがって，グループウエアなどコミュニケーション系の情報通信技術への中程度の投資が行われる．サービスの形態としては個々の専門家の暗

黙知による高付加価値化が中心であり，コード化戦略に比べると，比較的少数のプロジェクトとならざるをえない．有名コンサルタントを抱えるマッキンゼーやボストン・コンサルティング・グループなどが代表的な例である．また，この戦略は，SECI モデルでいえば，共同化のプロセスを強く意識したものであるといえる．

(4) CKO（チーフ・ナレッジオフィサー）

こうした戦略的方向性を実現するためのリーダーシップについて考えてみよう．ナレッジマネジメントの考え方が企業に導入されはじめた当初は，CKO の必要性が議論された．CKO とはチーフ・ナレッジ・オフィサー（Chief Knowledge Officer）の略で，企業におけるナレッジマネジメントの最高責任者のことである．情報通信技術の活用を重視したナレッジマネジメントを行っている場合，情報システムの最高責任者である CIO（Chief Information Officer）が兼任する企業が多い．また，ナレッジマネジメントを推進する専門部署を設けているところもある．たとえば，製薬会社エーザイは前述の組織的知識創造理論を導入し「知創部」という専門部門を設置した．

ただし，企業のトップにとって最も重要なことは「わが社にとって必要な知識は何か」という知識ビジョンをもち，ナレッジマネジメントの推進に対して強いコミットメント（思い入れ）をもつことである．一方で，企業で働く人びとが知識労働者としての自覚と能力をもち，主体的にナレッジマネジメントの運営に参画することも必要である．これらの条件が整っている企業であれば，必ずしも CKO という職位や推進部門を設ける必要はない．名目だけの責任者や形だけの部門であるとしたら，ナレッジマネジメントにとって意味がないどころか，むしろ障害になってしまうこともある．

4. 新たな視点

(1)「場」の理論

　近年，組織的知識創造の理論やナレッジマネジメントの実践において，新たな視点が提示されつつある．そのひとつとして，知識を共有，創造する「場」をどう形成するかということである．私たちは，しばしば「場を設ける」とか「場を変える」とか，「場違い」などという言い方をする．つまり，場というものを直感的に理解している．「場」とは，単なる物理的な空間ではなく，人びとの間で共有されている文脈（コンテクスト）や状況を意味する．組織的知識創造理論では，知識は文脈や状況に依存しているがゆえにこうした場のマネジメントが重要な課題となると考える．

　また組織的知識創造理論では，場にはSECIモデルの4つのプロセスと対応させた4つのタイプがあるとする（野中・紺野，1999；紺野，2002）．共同化に対応するのが「創発場」である．これは顧客との接触やトップの社内歩き回りのようなリアルな直接対面の相互作用で特徴づけられる．表出化に対応するのは「対話場」である．これはプロジェクト・チームにみられるように集団によるリアルな直接対面の相互作用によって発生する場である．対話場は意図的に創られることも多い．連結化には「システム場」が対応する．ここでいう「システム」は「情報システム」という狭い意味で用いられており，情報通信技術を活用したバーチャルで間接的な相互作用が特徴である．そして，内面化には「実践場」が対応する．これは，会社のマニュアルによって学んだことを個人が現場で実践しているときのように，組織の形式知と個人の行為との相互作用によって特徴づけられるものである．現実の場面では，これら4つの場のいずれかが単独で存在しているのではなく，重層的に存在していると考えたほうがよい．

(2) 実践共同体（コミュニティ・オブ・プラクティス）

場の概念と関連して，実践共同体（Community Of Practice：COP）の研究も注目されている．実践共同体とは，人びとがそこへの参加を深めていくことによってアイデンティティを獲得し学習する場であり，知識が共有・伝承される場のことである．実践共同体の概念は，元来レイヴとウエンガー（Lave, J. and E. Wenger, 1991）などが主張している「状況論的学習」の理論のなかで論じられてきた．彼女らの研究によれば，人間は実践共同体に参加しそこでの役割を果たすことによってだんだん一人前になっていく．共同体への参加は自他ともに認めるという意味で正統的なものであり，彼らの役割は共同体にとって必要ではあるが周辺的なものから徐々に中核的なものへと進んでいく．これを「正統的周辺参加」という．状況論的学習理論においては，単なる知識の獲得ではなく，実践共同体への参加をもって学習と考える．そのプロセスは，個人にとって学習の過程であると同時に，共同体にとっては知識の伝承と再生産の過程でもある．組織的知識創造理論の研究が組織側からのアプローチであるのに対して，状況論的学習理論は個人側からのアプローチであるといえる．

実践共同体への正統的周辺参加の簡単な例としては，新人が社員として成長していく過程を考えるとよい．コピーとりや資料整理のような周辺的な仕事からはじめ，だんだんと企画や管理のような仕事を任せられるようになる．これは，会社という実践共同体への参加度を深めていく個人の学習過程ということもできるし，組織的知識が内面化されていく過程でもあるといえる．

(3) オープン・ネットワーク

1990年代に確立した組織的知識創造の理論やナレッジマネジメントの実践が基本的には単一の企業あるいは企業グループを前提とした議論を展開しているのに対して，よりオープンなネットワークを想定した知識創造のプロセスに注目する議論も登場してきている．たとえば，新たな知識創造のあり方として，これまでの企業の論理に依拠しないLinuxOSの開発プロセスが注目される．

Linuxはビジネス利用のOSにおいて事実上の標準とされてきたマイクロソフト社のWindowsに対抗する存在であるが，その開発のされ方はマイクロソフトと非常に対照的である．Linuxは原則としてオープンなインターネット・コミュニティのなかで開発され，現在も改良され続けている．

　Linuxの開発プロセスは，組織というよりもむしろネットワークにおける知識創造といえる．さまざまな主体によるネットワークを知識のネットワークととらえるとき，そこでの新たな知識創造プロセスを説明できる理論が求められる．

演・習・問・題

問1　企業経営において知識が重要となってきているのはなぜか説明しなさい．
問2　SECIモデルでいう4つのプロセスについて説明し，その実例を考えなさい．
問3　組織的にナレッジマネジメントを推進していくためにはどのような活動が必要かを説明しなさい．

参考文献

Bell, D. (1973) *The Coming of Post-Industrial Society : a venture in social forecasting*, Basic Books.（内田忠夫訳『脱工業社会の到来：社会予測の一つの試み（上・下）』ダイヤモンド社，1975年）

Burton-Jones, A. (1999) *Knowledge Capitalism : Business, Work, and Learning in the New Economy*, Oxford University Press.（野中郁次郎監訳『知識資本主義――ビジネス，就労，学習の意味が根本から変わる』日本経済新聞社，2001年）

Drucker, P. F. (1969) *The Age of Discontinuity : Guidelines to Our Changing Society*, Transaction Pub., (Reprint 1992).（上田惇生訳『断絶の時代（新版）』ダイヤモンド社，1999年）

―――― (1993) *Post-Capitalist Society*, Harpercollins.（上田惇生・田代正美・佐々木実智男訳『ポスト資本主義社会』ダイヤモンド社，1993年）

Hansen, M. T., Nohria, N. and T. Tierney (1999) "What's Your Strategy for

Managing Knowledge?," *Harvard Business Review*, March-April, 77 (2), pp. 106-116. (「コンサルティング・ファームに学ぶ『知』の活用戦略」ダイヤモンド社『ハーバード・ビジネス・レビュー』August-September, 1999 年, pp. 60-74)

Harvard Business Review (ed.) (1998) *Harvard Business Review on Knowledge Management* (Harvard Business Review Paperback Series), Harvard Business School Press. (Harvard Business Review 編, DIAMOND ハーバードビジネスレビュー編集部訳『ナレッジ・マネジメント（ハーバード・ビジネス・レビュー・ブックス）』ダイヤモンド社, 2000 年)

Lave, J. and E. Wenge (1991) *Situated Learning: Legitimate Peripheral Participation*, Cambridge University Press. (佐伯胖訳『状況に埋め込まれた学習―正統的周辺参加』産業図書, 1993 年)

Polanyi, M. (1966) *The Tacit Dimension, Doubleday.* (佐藤敬三訳『暗黙知の次元：言語から非言語へ』紀伊國屋書店, 1980 年)

アーサーアンダーセンビジネスコンサルティング (1999)『図解 ナレッジマネジメント』東洋経済新報社

紺野登 (2002 年)『ナレッジマネジメント入門』日経文庫

寺本義也・中西晶 (2001)『知識社会構築と理念革新：価値創造』日科技連出版社

野中郁次郎・紺野登 (1999)『知識経営のすすめ―ナレッジマネジメントとその時代』ちくま新書

野中郁次郎・竹内弘高著, 梅本勝博訳 (1996)『知識創造企業』東洋経済新報社

野中郁次郎 (2002)「企業の知識ベース理論の構想」『組織科学』Vol. 36, No. 1, p. 10.

―――――――――《推薦図書》―――――――――

1. 野中郁次郎・竹内弘高著, 梅本勝博訳 (1996)『知識創造企業』東洋経済新報社
    「組織的知識創造理論」の原点である．経営学を志すものならぜひチャレンジしてほしい．
2. 野中郁次郎・紺野登 (1999)『知識経営のすすめ―ナレッジマネジメントとその時代』ちくま新書

知識創造，ナレッジマネジメントに関するキーワードをコンパクトに整理した入門書である．
3. 寺本義也・中西晶（2000）『知識社会構築と人材革新：主体形成』日科技連出版社
   寺本義也・中西晶（2001）『知識社会構築と理念革新：価値創造』日科技連出版社
   いずれも知識社会到来を前提とし，最終節であげたような新たな方向性について論じている．
4. 杉山公造・下嶋篤・永田晃也・北陸先端科学技術大学院大学知識科学研究科（2002）『ナレッジサイエンス―知を再編する64のキーワード』紀伊國屋書店
   WEBページ『ナレッジサイエンス』http://www.kousakusha.com/ks/index.html とリンクしており，キーワード検索ができる．

第13章の要約

　ナレッジマネジメントの概念は広範囲にわたるため，基幹業務系のERP（Enterprise Resource Planning）のパッケージやCRM（Customer Relationship Management）やSFA（Sales Force Automation）のためのツールも含められる場合もある．知識という視点からみれば，ほとんどの情報システムはナレッジマネジメントのツールとして活用できる．また，エージェント技術やオントロジー，エキスパートシステムなど人工知能を基盤としたツールも紹介されているが，ここでは企業経営というレベルで代表的なナレッジマネジメントのツールを紹介する．
　1. の「ナレッジマネジメントを支える情報通信技術」では，ナレッジマネジメントに必要なITインフラストラクチャ，CSCWとその発展形としてのグループウェア，そしてデータベースについて解説する．2. の「データ，情報，知識」では，データ，情報，知識の違いとそれらをみるときの2つの視点について考える．3.「企業における展開」では，営業・技術部門のケースと人事・人材開発部門のケースを紹介する．4.「新たな課題と方向性」では，ナレッジマネジメントとITの今後について展望する．

第13章　ナレッジマネジメントとIT

1. ナレッジマネジメントを支える情報通信技術

（1）ナレッジマネジメントに必要なITインフラストラクチャ

　前章でも指摘したとおり，ナレッジマネジメントが単なる理論にとどまらず，企業の実践的経営手法として積極的に導入されるようになったのは，同時期に進展した情報通信技術（ICT）の発達が大きく貢献している．ICTを活用したナレッジマネジメントが組織的な知識創造のための道具として注目されるようになった背景には，企業における情報インフラストラクチャの確立がある．その中でもネットワーク化の進展は重要である．ネットワーク化によって自社のさまざま部門にある知識を共有し，新たな知識を獲得・創造していく可能性がみえてきたからである．

　1990年代前半までの企業のネットワークは，本社や事業所の構内を専用回線で結ぶLAN（Local Area Network）やいくつかの事業所間をまたぐWAN（Wide Area Network）が中心であった．その後，1990年代後半のインターネットの普及にともない，インターネットのプロトコル技術を使ったイントラネットやエクストラネットの構築が進んできた．さらに2000年代に入ってからは，自前でネットワークを構築するのではなく，誰もが使えるインターネットそのものを利用した仮想的な私設ネットワークであるVPN（Virtual Private Network）を導入する企業も増えてきた．こうしたネットワークの発展によって，自社内の知識はもちろんのこと，取引先や顧客の知識もナレッジマネジメントの対象としてとらえられるようになってきたのである．

　また，システム構成として，メインフレーム型に代わりクライアント・サーバ型（C/S型）が主流となってきたこともナレッジマネジメントの普及を促した．必要なデータや情報がサーバに蓄積保存され，エンドユーザである従業員がより簡単にアクセスできるようになったからである．近年では，無線LANなども普及し，ノートパソコンや携帯端末を使ったモバイル環境でのサーバへ

のアクセスも容易になっている．営業現場での情報化である SFA（Sales Force Automation）は，そのひとつの例である．また，コンピュータ単体の性能向上や新たなアプリケーションの登場もあって，今後は，ナレッジワーカー同士が直接知識を交換するピア・トゥ・ピア（P2P）型の可能性が検討されつつある．なお，P2P 型のシステム構成には，相手（ピア）の所在を確認するための検索サーバを設置するハイブリッド P2P 型と相手の所在の検索もサーバを介さずに行う純粋 P2P 型がある．

(2) CSCW

ICT を利用したナレッジマネジメントの源流のひとつに CSCW（Computer Supported Cooperative Work）がある．これは文字どおり，分散環境下におけるコンピュータの支援による協働のことであり，またそれに関する学際的な研究のことである．コンピュータによる支援という技術的側面をあらわす「CS」と複数の人間の協働という人間的側面をあらわす「CW」の2つの内容を併せ持つ名称である．

複数の人間がネットワーク環境下で相互にコミュニケーションを行い，情報共有しながら，それぞれの役割を果たすことで共通の目的を達成するための仕組みというコンセプトは，すでに 1960 年代からあった．その代表が D. エンゲルバート（Engelbart, D.）の研究である．彼は，1968 年に「NLS」（oNLine System）と名付けたシステムで，ネットワークでの協働の仕組みをプレゼンテーションしている．その後，1980 年代になると集団を対象にした意思決定支援システム GDSS（Group Decision Support System）の研究と合流していくことになる．そして，1984 年には，グリーフ（Greif, I.）とキャッシュマン（Cashman, P.）が，CSCW という名称を用いたといわれている．こうした研究の中から，現在のナレッジマネジメントシステムの中核を占めるグループウェアが登場する．

(3) グループウェア

グループウェアは，組織におけるコミュニケーションを促進するための電子メールや電子会議室，電子掲示板，ファイルの共有，スケジュール管理，ワークフロー管理などの機能をもつ．これらの機能を個別にではなく，統合した形で提供するのがグループウェアの特徴である．

たとえば，ミーティングに参加してほしいメンバーにメールを出し，その人が承認すればその人のスケジューラに自動的にそのスケジュールが反映されるなどといった状況を考えるとよい．また，ミーティングで意思決定すべきテーマについて事前に電子会議室で議論しておくことで問題意識の共有化を図ることができるため，会議を効率的に進めることができる．あるいは，ある事業所で問題となっていることについて，他の事業所での解決例がないかを電子掲示板で問い合わせたり，新製品について部門を超えて広くアイデアを募集したりすることによって，組織的な知識創造を支援することもできる．また，グループウェアに蓄積された過去のログ（記録）を検索することによって，ベストプラクティスなどを再活用することが可能である．ワークフロー管理の機能もナレッジマネジメントの視点からみることができる．たとえば，稟議書などの文書を電子化して意思決定の効率化をはかるというプロセスは，SECIモデルでいう連結化を促進するものである．

さらに進んだ活用方法として，グループウェアで用いるアドレス帳を工夫して，ある事柄について知識をもっている人がどこにいるのかがわかるようなKnow-Whoディレクトリやナレッジマップ（知識地図）をつくることもできる．それぞれの個人がもつ専門的な知識を交換するためのナレッジマーケットプレイス（知識市場）がグループウェア上につくられる場合もある．ナレッジマップやナレッジマーケットプレイスが機能すれば，優れた知識を提供し共有しようとする組織メンバーを見つけ出し，評価することもできる．

初期のグループウェアの代表例としてLotus社（現IBM）のNotesがある．近年では，WEBベースのユーザ・インターフェースをもったグループウェア

が普及しつつある．

(4) データベース

　ナレッジマネジメントにおいては，知識の源泉となるさまざまなデータや情報を蓄積するための仕組みが必要となる．これがデータベースである．企業においては，売上や在庫，顧客や取引先などにかかわる大量のデータや情報が存在している．また，マニュアルや企画書報告書や設計図などさまざまな文書（ドキュメント）のなかにも組織がもつ知識が埋め込まれている．また，前項で紹介したグループウェアにある電子会議室や掲示板の記録，アドレス帳などもデータベースのひとつと考えることができる．とくに，ナレッジマネジメントという視点から重要なデータベースをナレッジリポジトリ（knowledge repository），すなわち「知識の貯蔵庫」とよぶ場合もある．

　ナレッジマネジメントが導入された直後は，まずそうした「貯蔵庫」に多くのメンバーがアクセスすることを促進するために，データベースの充実が必要である．ところがナレッジマネジメントの考え方が定着し，データベースに蓄積されるデータや情報が大量になってくると，そこから本当に現在ほしいものを効率的に見つけ出すためのツールが必要となる．そのためには，検索ツールの高度化が要請される．ナレッジマネジメントにおいては，本来の仕事の負担にならず，より自然で探す人の意図を的確に反映した検索が必要となる．キーワードを厳密に固定しない「あいまい検索」や検索の範囲を限定しない「全文検索」は最低条件とされる．最近では，「昨年度の販促会議で使ったプレゼンテーション資料はどこにありますか」など，日常使う言葉で検索することができる自然言語検索技術が開発されている．自然言語検索においては，単に複数の単語に分割して条件検索するという段階から，文書の構造や問い合わせの文脈を加味した検索が可能になりつつある．

　また，単にデータやファイルを検索・抽出するだけでなく，大量のデータや情報の中から新たな発見を導き出し，組織的な知識としていくことも探求され

ている.その意味では,CRMなどで重要視されるデータウエアハウスやマイニングの技術もナレッジマネジメントのツールとして考えられる.データ・マイニングがデータウエアハウスに格納された大量のデータを対象とするのに対して,テキスト・マイニングではドキュメントなどにあるテキストデータを対象とする.したがって,データ・マイニングでは定量的な分析が,テキスト・マイニングでは定性的な分析が中心となる.たとえば,コールセンターにおける顧客からの問合せの記録を分析することによって,どの商品のどの機能に問題が集中しているかを明らかにすることができる.

　また,より体系的・効果的な分析をめざして,XML (eXtensible Markup Language)でこうした記録を表現しようという動きもある.XMLとは,「拡張可能なマークアップ言語」のことである.これまでWebで使用する言語といえばHTMLが代表的であったが,XMLとHTMLの最大の違いは,タグの自由度にある.タグとは,各データの意味や属性を示すものである.XMLは利用者がタグを自由に定義できる.XMLを用いることでデータに対して企業独自の書式や意味づけをすることができ,検索やマイニングの精度を上げることができる.

　検索やマイニングは,データベースのメンテナンスができていてこそ効果的なものになる.知識の源泉となるデータや情報をより役に立つような形で蓄積するための編集や更新などメンテナンス作業は欠かせない.

2. データ,情報,知識

(1) 2つの視点

　データ,情報,知識は非常に似ている概念であり混乱も多い.ナレッジマネジメントにおいてはそれぞれを区別して理解しておく必要がある(図表13-1).

　バートン＝ジョーンズ(Barton-Jones, A., 1999)は,データを「人間や機械がやりとりする信号や合図すべて」,情報を「データのうち,受け手が理解できるものである」としたうえで,情報の価値は受け手の知識レベルによって異

図表13－1　データ・情報・知識

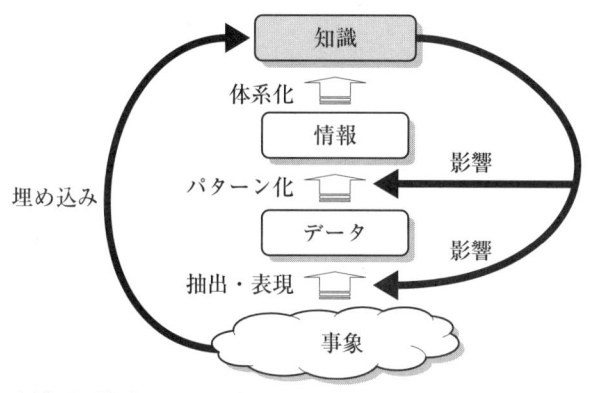

```
        体系化 → 知識
              ↑
           情報 ← 影響
         パターン化 ↑
埋め込み    データ ← 影響
         抽出・表現 ↑
            事象
```

出所）中西晶（2003：12-13）

なると指摘している．これに対して，知識は「情報の受け手が情報を利用することによって得られた二次的な情報や技能の集合体」と定義している．

　図表13－1に示すように，大きく分けると知識に対する考え方には2とおりある．第1の考え方は，データ，情報，知識が階層性をもち，知識はデータ，情報に対して最上位にあるという主張である．第2は，人間や社会の介在という意味で知識とデータ・情報とは異なる次元にあるとする考え方である．

　第1の考え方によれば，データとは，ものごと（事物や現象）を観察したり測定したりした結果を表現したものである．具体的には，数値や文字，あるいは記号が使われる．データは情報の構成要素であるが，それだけでは意味をなさない．つまり，情報とは，データの集合を意味のあるパターンに構成したものである．知識は体系化された情報であり，ものごとの本質についての理解や解釈であり，人びとの考え方や行動を方向づける「秩序」である．

　たとえば，元素記号はデータだが，周期表はそれらのデータを特定のパターンで配列した情報である．こうした周期表をもとに知識としての化学が発展していく．音符はデータだが複数の音符によって構成されたメロディは情報として意味あるパターンを創造していく．さらに作曲家や演奏家はこれを知識へと

高めていく．データとしての数値は加減乗除などのプロセスを経ることによって情報となる．こうした情報を組織化し知識をつくっていくのが，数学や統計学である．

企業経営の例でいえば，コンビニの毎日の売上数値そのものはデータに過ぎない．これを時系列的に分析したり，他店と比較したりすることによって情報となる．そうした情報を体系化したうえで「気温と食品の売上には相関がある」という知識がつくられる．そして，その知識が「最高気温が25℃を超えるとアイスクリームが急速に売れるようになるので，明日の仕入は2割増にしよう」という考えと行動を促すのである．

第2の考え方によれば，データや情報は状況と切り離して客観的に分析することができるのに対して，知識は経験や状況に埋め込まれた主観的・全体的なものである．したがって，知識は周囲の状況，これまでの歴史的経緯，そこに参加する人びとの思いなどの「文脈（コンテクスト）」に依存する．この場合，知識はデータや情報から事後的に生成されるのではなく，データや情報を抽出・解釈する際に事前に存在しているものと位置づけられる．前述のコンビニの例でいえば，データから緻密に理論を組み上げていくというより，「こんな暑い日はなにか冷たいものが食べたい」という経験に根ざした知識が前提にあって，そこからデータをみる枠組みが決まるという考え方である．

いずれかの見方が正しいというわけではないが，単にデータや情報を機械的に集めて処理することができても，ナレッジマネジメントとはいえないと理解しておくことが重要である．

(2) ワーキング・ナレッジ

ナレッジマネジメントの実践を考える際に，もうひとつ理解しておかなければならないのが，企業経営にとっての知識は学校教育における知識とは異なるということである．学校教育においては知識の獲得をもってよしとするが，企業経営においては知識の共有化と活用によって，何らかの価値を創造していか

なければならない．つまり，ナレッジマネジメントは，企業の価値創造プロセスと一体化・同期化させることが求められる．

企業で働く個々人にとっては，日常の仕事のなかで役に立つものこそが本当の知識であるということを忘れてはいけない．たとえば，ホテルのコンシェルジュにとっては，高等数学の知識ではなく，顧客が求めていることを鋭く見抜き適切なサービスを提供するために必要な知識や，その顧客がどのような人であるかという顧客そのものに対しての知識である．

ダベンポートとプルサック（Davenport, T. H. and L. Prusak, 1997）は，このようにビジネスにとって本当に役に立つ知識をワーキング・ナレッジとよんだ．ナレッジマネジメントのしくみは，業務プロセスとは別に付加されるのではなく，そのプロセスの中に埋め込まなければならない．これは，ナレッジマネジメントを実践していくうえでも非常に重要な留意点である．

3. 企業における展開

(1) 営業・技術部門のケース

1990年代後半からアサヒビールの営業部門では，業績の急激な上昇にともなって業務量が増え，それに対応するための大量採用を行った結果，社員教育が行き届かずに営業ノウハウが十分に伝わらなくなってくるという問題が生じてきた．一方で，末端の販売チャネルが，コンビニや量販店などに多様化してきたという背景もある．そのため，営業活動に関連した情報やアイデア，ノウハウなどを共有することを目的に1999年から「営業情報玉手箱」というシステムを立ち上げた．これはイントラネット上の社内サイトで，社員全員が自由に情報を登録することができる仕組みになっており，第一線の営業担当者が出先からモバイル端末で情報にアクセスしたり，全社員で迅速に知恵を出し合って，酒販店や料飲店への提案活動を行ったりすることも可能である．

2000年秋からはこの営業情報玉手箱のコンセプトを技術部門（生産部門・研究開発部門）にも水平展開し，社内イントラネット上に「技術部門知恵袋」

を立ち上げた．こちらは，長年培われた技術の伝承をはかるとともに，原理原則・経験をふまえ，新たな発想・知恵で革新的・効率的な課題解決の能力を向上させることをめざすものである．「営業情報玉手箱」と「技術部門知恵袋」は，いずれもアサヒビールのナレッジマネジメントを支えるコアシステムとして位置づけられている．

ただし，こうした情報通信技術の側面のみに注目するのは不適切である．2000年には，アサヒビール副理事・業務高度化推進部長（当時）の奈良篤氏が，「ナレッジマネジメントは単なるシステムではない．社員一人ひとりが自分のために情報と知識を活用し，さらに組織のために情報と知識を提供する．この一連の流れを絶え間なく繰り返していく人間と組織をつくることだ」と述べている．また，2002年には，福地茂雄会長兼CEOが，「どのような優れたシステムであっても人が重要．ITを使いこなせるのは人次第だ」というコメントを述べている．

(2) 人事・人材開発部門のケース

知識の源泉である人間に関する業務を行う人事・人材開発においてもITを活用したナレッジマネジメントとみることができるものがある．第1節で紹介したKnow-Whoディレクトリは，人材情報システム（HRIS：Human Resource Information System）と連動することでより有効性を増す．HRISにはその人がもっている能力や資格，経歴などが登録されているからである．また，趣味や特技などプライベートな情報が登録され，それがビジネスに役に立つという場合もある．

また，組織的な知識の活用と創造を可能とするためには個人が学習し知識を習得することが必須であるが，人材開発において近年積極的に導入されているeラーニングは，効果的・効率的な個人の学習を支援するものである．ここでは，このeラーニングについて少し詳しくみていこう．

eラーニングには広義と狭義がある．広義には，情報通信技術を使った学習

すべてを指す．したがって，プレゼンテーションソフトを使った教室での学習やCD-ROMを使った自学自習も含まれる．これに対して，狭義にはネットワークとWebを利用したWBT（Web Based Training）のことをいう．eラーニングの導入初期は，情報通信技術を活用し，「いつでも，どこでも」学習環境を設定でき，これまで研修にかかっていたコストを削減できるという利便性・効率性が期待された．しかし，多くのIT投資と同様eラーニングにおいても多大な初期投資と維持費用が必要である．逆にいえば，こうしたコストが不要あるいは小額ですむ企業にとってはきわめて魅力的なものである．インターネット関連機器の世界最大手企業シスコシステムズがeラーニングの最も先端的な企業として紹介されるのは，上記のような理由からである．同社では，早くから営業やSE（システムエンジニア）などの社内トレーニングの多くをeラーニングの形態で提供してきた．さらに，現在では，インターネット技術者育成のためのプログラムを外部に向けても提供している．

シスコシステムズの例からもわかるように，ITスキルや資格試験，商品知識などコード化が容易で，「できる」「できない」という判断基準が明確な知識の付与を目的としたものは，eラーニングとして成功しやすい．反面，コード化されにくいもの，学習者の実地経験が不可欠なものもある．シスコシステムズの技術者育成プログラムでも，WBTだけではなくラボでの実習が組み合わされているものがある．また，マネジメントや対人スキルに関連する学習は，やはり実践的な経験が必要であろう．現在では，従来の集合研修や職場でのOJT（On the Job Training）とeラーニングとの最適な組合せによって学習の効果を高めようとするブレンディド・アプローチ（blended approach）が注目されている．

4. 新たな課題と方向性

(1) セキュリティとライフサイクルマネジメント

　一條和生（2004）は，ナレッジマネジメントを，知識の創造，知識の共有と活

用，知識の放棄（ナレッジ・キリング），知識の防衛（流出阻止）を網羅する包括的な活動として理解すべきであると主張している．情報通信技術の進展とオープン化ネットワーク化は，それだけ企業が所有する知識への脅威が増すことを意味する．近年企業がもつ重要な情報やデータが漏洩したり消失したりするという事件が相次いでいる．人的な犯罪やミス，ファイル交換ソフトの誤用，外部からのネットワークへの侵入など，情報通信技術に依存すればするほどナレッジマネジメントにおいてもセキュリティの重要性は増してくる．

また，技術，市場，環境がダイナミックに変化する現代においては，知識はすぐに陳腐化する．企業にとって常に新鮮で生きた知識でなければナレッジマネジメントの対象となりえない．さらに知識の防衛という点からみても，企業内で過剰な知識を抱え込むことは大きなリスクになりかねない．必要のない知識を見きわめ，場合によっては「捨てる」ことができる覚悟こそがこれからのナレッジマネジメントにとっては必要である．

(2) IT と組織の相互作用

最後に組織と IT の相互作用という問題について考察する．IT は組織にさまざまな影響を与えるが，それは決して一方向のものではない．オルリコウスキー（Orlikowski, W., 1992）は，グループウェアの例を題材に，IT が設計者や導入者が意図しなかった形で使われる場合もあるということを報告している．こうした「意図せざる結果」もしっかりと認識したうえでナレッジマネジメントに取り組んでいくことが求められる．

また，先端的な取り組み例からナレッジマネジメントの導入に先立って，あるいは同時並行的に組織変革を行うことの必要性が確認されている．たとえば，HP コンサルティングは，当初グループウェアとデータベースという技術的側面に焦点を当ててナレッジマネジメントを進めていったのだが，この試みは失敗に終わった．その後の同社の活動は，情報技術の導入ではなく組織変革に焦点を当てたものになった．まず，パイロットプログラムが立ち上げられ，「学

習コミュニティ（Learning Community）」の形成に着手した．「学習コミュニティ」とは，組織のカベを超えたインフォーマルな人びとのグループで，そのグループが学習したいベストプラクティスや課題，スキルについて議論するものであり，前章で紹介した COP のひとつの形態である．その後パイロットプログラムは，全社的に展開された．このプログラムにおいては，「ゆさぶり（mobilization）」「ビジョン（vision）」「デザイン（design）」「変革（transition）」という 4 ステップの組織変革モデルが使われた．この事例からもわかるように，ナレッジマネジメントを浸透させていくためには，組織の変革が必要不可欠なのである．

演・習・問・題

問 1　組織のナレッジマネジメントで用いる情報技術にはどのようなものがあるかを整理し，私たちが日常生活で使うインターネットや電子メールなどのツールとの使用目的の違いについて考えなさい．

問 2　多くの企業がナレッジマネジメントのためにさまざまな情報技術を導入しているが必ずしもうまくいかない場合がある．その理由について考察しなさい．

問 3　組織的にナレッジマネジメントを推進していくためにはどのような活動が必要かを説明しなさい．

参考文献

Burton-Jones, A. (1999) *Knowledge Capitalism : Business, Work, and Learning in the New Economy*, Oxford University Press.（野中郁次郎監訳『知識資本主義：ビジネス，就労，学習の意味が根本から変わる』日本経済新聞社，2001 年）

Davenport, T. H. & L. Prusak (1997) *Working Knowledge : How Organizations Manage What They Know*, Harvard Business School Press.（梅本勝博訳『ワーキング・ナレッジ—「知」を活かす経営』生産性出版，2000 年）

Harvard Business Review (ed.) (1998) *Harvard Business Review on Knowledge Management*, Harvard Business Review Paperback Series, Harvard Business School Press.（Harvard Business Review 編，

DIAMOND ハーバードビジネスレビュー編集部訳『ナレッジ・マネジメント (ハーバード・ビジネス・レビュー・ブックス)』ダイヤモンド社, 2000 年)

Orlikowski, W. (1992) "Learning from Notes : Organizational Issues in Groupware Implementation," *Proceedings of the Third Conference on Computer-Supported Cooperative Work*.

Orlikowski, W. (1996) "Improvisational Organizational Transformation Over Time : A Situated Change Perspective," *Information Systems Research*, Vol. 7, No. 1.

アーサーアンダーセンビジネスコンサルティング (1999)『図解 ナレッジマネジメント』東洋経済新報社

石井裕 (1994)『CSCW とグループウェア―協創メディアとしてのコンピュータ』オーム社

一條和生 (2004)『企業変革のプロフェッショナル』ダイヤモンド社

紺野登 (2002)『ナレッジマネジメント入門』日経文庫

寺本義也・中西晶 (2001)『知識社会構築と理念革新:価値創造』日科技連出版社

中西晶 (2003)「ナレッジマネジメントにおける情報技術」島田達巳・遠山暁編『情報技術と企業経営 (21 世紀経営学シリーズ)』学文社

野中郁次郎・紺野登 (1999)『知識経営のすすめ―ナレッジマネジメントとその時代』ちくま新書

――――《推薦図書》――――

1. アーサーアンダーセンビジネスコンサルティング (1999)『ナレッジマネジメント―実践のためのベストプラクティス』東洋経済新報社

   初期の情報技術を活用したナレッジマネジメントの実践について,企業の部門別に紹介している.

2. 島田達巳・遠山暁編 (2003)『情報技術と企業経営 (21 世紀経営学シリーズ)』学文社

   遠山暁・岸真理子・村田潔 (2004)『経営情報論』(有斐閣アルマ)

   いずれも情報技術と人的,組織的要因の相互作用に着目することの重要性を指摘した教科書である.

3. 寺本義也編著（2003）『企業と情報化』八千代出版

　　情報化という視点から本章でも紹介したアサヒビールやシスコシステムズの事例を紹介している．

4. 経済産業省商務情報政策局情報処理振興課編（2005）『e ラーニング白書〈2005-2006 年版〉』オーム社

　　e ラーニングの現状についてデータや事例が掲載されている．毎年更新されるので最新版を用意すること．

5. インターネット Web サイト

　　IT を使ったナレッジマネジメントに関しては，研究者，コンサルタント，情報システム関連企業などがそれぞれの立場から執筆している．コンサルティング会社や情報システム関連企業では，自社のホームページにナレッジマネジメントに関する考え方や事例を提供しているところも多いので，インターネットでキーワード検索を行い，各社の主張を比較してみるのもよいだろう．

索　引

あ行

IR　14
IRR　147
ISMS　175
　──適合性評価制度　176
IC　5
ICT　12, 204
アイスタイル　52
IT　7, 11, 12, 79, 98, 111, 131, 144, 157, 172
　──事故　172
IDEF　159
IT ガバナンス　131, 134
　──協会　132
IT 基本法　184
IT 中期計画　158
IT 投資事前評価方法論　144
IT 投資評価　144
IT ライフサイクル管理方法論　144
IBM　5
アウトソーシング　21, 137
アキュレート・レスポンス　30
アクセス認証　184
アクセンチュア　196
アクティビティ　165
アーサー・アンダーセン　185
アサヒビール　211
As Is モデル　159
ASCII コード　4
＠cosme　52
アトリビュート　162
アプリケーション・アーキテクチャ　141
APOLLO　95
Amazon　111, 123
アメリカン航空　95
アメリカン・ホスピタル・サプライ　96
RSA 暗号　175
R/3　90
暗号化　174
暗号技術　175
安全性　176
アンソニー, R. N.　80
アーンドバリュー　166
アンバンドリング　118
暗黙知　192
EIAJ 標準　114
ER ダイアグラム　161
ERM　132, 179
ERP　12, 159
EA　139
EMS　21, 119
EOS　60

イギリス規格協会　176
e コマース　111
EC　67, 111
ECR　18, 69, 121
意思決定支援システム　9
意思決定支援のための情報システム　9
一條和生　213
一対比較法　150
5 つの競争要因 (five forces)　98
EDI　59, 113, 121
EDIFACT　114
EDP　9
e 文書法　184
e マーケットプレイス　70, 112, 123
e ラーニング　212
Internet　6
インテグリティ　173
イントラネット　211
インフォメーション・エコノミクス　151
インフォメディアリ　124
インフラ管理業務　118
ウイリアムソン, O. E.　115
WEB サイト　7
ウェンガー, E.　199
ウォーターフォール方式　159
ウォルマート　121
ウースター, T. S.　119
運用費用　145
HTML　7, 208
HP　5
AHP　149
ASAP　96
エキスパートシステム　9, 10
エーザイ　197
SIS　11, 98, 151
SNS　126
SAP　90
SFA　49, 205
SLA　137
SCM　18, 20
XML　208
ADP　9
ENIAC　3, 4
NPV　146
エバンス, P.　119
MIS　9, 97
MRO　71
MSS　98
LSI　5
エレファントデザイン　53
エンゲルバート, D.　205
エンタープライズ・アーキテクチャ　139

218

エンタープライズ・リスクマネジメント　132, 179
エンティティ　162
エンロン　185
岡本博公　24
OJT　192, 213
オープンEDI　64
オープン化　64
オープン型　120
オープン電子市場　123
オープン・ネットワーク　64, 65
オペレーションズ・リサーチ　149
オルリコウスキー，W.　214
オンライン受発注システム　60

か行

回収期間法　147
階層分析法　149
開発　134
開発一時費用　145
回避　168, 182
外部記憶装置　3
価格.com　124
革新　102
価値システム　101
価値連鎖　10, 98, 101
活用　168
可用性　135, 173
カールソン，E. D.　10
カルチュア・コンビニエンス・クラブ　125
関係性パラダイム　42
完全市場　116
完全性　135
管理のための情報システム　9
企業改革法　185
企業戦略　82, 157
企業の社会的責任　14
技術アーキテクチャ　141
キーボード　3
規模の経済　100, 118
基本戦略　158
機密性　135, 173
キャッシュマン，P.　205
キャプラン，R. S.　82, 152
QR　18, 69, 121
脅威　167
強化　168
供給業者主導在庫管理　30, 101, 121
業績管理　83
業績評価　152
　──システム　82
　──評価体系　83
競争戦略　11, 98
競争優位　1, 97, 102
共通鍵暗号方式　175
共同化　193

業務計画　82
業務効率化のための情報システム　8
業務コントロール　80
業務の効率化　9
共有　168
切り換えコスト　99
金融取引法　185
クイック・レスポンス　121
空想生活　53
クチコミ　52
クライアント・サーバ型　204
クライアント・サーバ・システム　6
クリック＆モルタル　117
グリーフ，I.　205
グループウェア　11, 206
CRAY Research　5
クローズ型　120
クローズド・ネットワーク　65
経営管理システム　79, 80, 82
経営管理プロセス　158
経営支援システム　98
経営情報システム　9, 97
計画　133
計画と組織化　132, 133, 138, 139
経験曲線効果　100
軽減　168, 182
経済価値評価手法　144
形式知　192
携帯端末　204
系列組織　116
KPI　83, 84, 148
コア・コンピタンス　66
公開鍵暗号方式　175
工業社会　3, 189
好機　167
効率性　135, 176
効率の消費者対応　121
顧客間インタラクション　52
顧客関係管理業務　118
顧客関係管理　44
顧客ナレッジ分析戦略　46
顧客のインターフェース戦略　46
顧客の囲い込み　11
國領二郎　52, 68, 72, 116, 122
個人化戦略　195
個人業績評価　81
個人情報　184
　──保護法　184
コース，R.　115
コスト　102
コスト・マネジメント　165
コスト優位　101
COSO　178
コード化戦略　195
COBIT　132
コーポレートガバナンス　131

219

索　引

コミュニケーション・マネジメント　167
コミュニティ・サイト　51
ゴリー, G. A.　9
コンティンジェンシープラン　174
COMPAQ　5
コンピュータ　3
コンピュータウイルス　172
コンピュータ予約システム　95, 124
コンプライアンス　178, 179

さ行

サイバー・テロリズム　173
財務的効果　148, 151
ザックマン, J. A.　141
ザックマン・フレームワーク　141
サードパーティサービス　134
サービス継続　134
サービス提供　134
サービス提供とサポート　132, 134
サービスレベル　134
サプライチェーン　18, 20
　──・マネジメント　18
　──・ロジスティクス　20
差別化　101, 102
サポート　134
産業革命　3
参入障壁　99
CII 標準　114
CIO　137, 197
シアーズ　89
CRS　95, 124
CRM　14, 44, 208
CRP　30, 101, 121
GEIS　112
JIPDEC　176
JCA 手順　114
J-SOX 法　185
C/S　6
　──型　204
CSCW　205
CSR　14
磁気テープ　5
事業継続計画　174
事業システム　79
事業戦略　82, 257
事業ポートフォリオ　81, 158
CKO　197
刺激・反応パラダイム　42
資源ベースビュー　191
施策　84
事実上の標準　19
市場　115, 116
システム監査　176
システム監査基準　178
システム監査人　178
システム管理基準　178

システム構築　158
システム詳細設計　158
システムセキュリティ　134
システム要件定義　158
実践共同体　199
CTI　47
GDSS　205
CBA　145
CPFR　32, 122
CPU　3
集権型 IT 組織　136
集中処理　6
重要業績指標　83, 148
主記憶装置　3
需給計画　24, 25
需給予測　25
出力装置　3
受容　168, 182
準拠性　135
状況的学習理論　199
情報　4, 123, 208
情報管理　4
情報技術　11
情報交換　4
情報社会　3
情報処理　4
　──パラダイム　191
情報セキュリティ　173
　──・マネジメントシステム　175
情報通信技術　204
正味現在価値　146
初期費用　145
シンガー, M.　118
真空管　4
人工知能　9, 10
人的資源マネジメント　167
信頼性　135, 176
垂直統合　115, 120, 116
スイッチングコスト　11, 99, 100
推論エンジン　10
スコット・モートン, M. S.　10
スコープ・マネジメント　164
ステークホルダー　14, 131
スパイラル方式　159
スピードの経済　119
スプレーグ Jr., R. H.　10
住友商事　89
成熟度モデル　132
成長　102
SABRE　95, 124
製品・サービス革新業務　118
製品差別化　100
SECI モデル　193, 196, 198, 206
セキュリティポリシー　176
穿孔カード　5
全社的リスクマネジメント　179

戦略管理システム　83
戦略計画　80
戦略実現のための情報システム　10
戦略スラスト　102
戦略提携　116
　――型 EC　18, 68, 70, 74
　――ネットワーク　121
戦略的情報システム　11, 98, 151
戦略マップ　83, 84, 153
戦略マネジメント　152
戦略目的　83, 84
組織化　133
組織業績評価　81
組織的知識創造理論　191
ソーシャル・ネットワーク・サービス　126
SOX 法　179, 185
ソレクトロン　119

た行

Dialog　123
タイム・シェアリング・システム　5
タイム・マネジメント　164
ダイレクト・モデル　122
脱工業社会　189
WWW（World Wide Web）　6, 11, 64
WBS　164
WBT　213
ダベンポート, T. H.　211
チェン, P.　161
知識　14, 192, 208
知識管理とコミュニケーションのための情報システム　11
知識社会　3, 189
知識創造パラダイム　191
知識ベース　10
知識労働者　190
チーフ・ナレッジ・オフィサー　197
チャールズ・シュワブ　117
チャンピー, J. A.　159
中央演算装置　3
中間組織　116
中期経営計画　81
調達　134
調達と開発　132, 134
調達マネジメント　168
通信制御装置　6
通信ネットワーク　4
通信の自由化　60
通信プロトコル　6
TSUTAYA　125
DES　175
DEC　5
TSS　5
DSS　9
提携　102
低減　182

TCP/IP　6, 64
ディスク　3
ディスプレイ　3
定性効果　144, 151
DWH　88
TWX-21　113, 123
DP　7, 9
TPN　112, 123
デイビス, S.　124
デファクト・スタンダード　19
テキスト・マイニング　48, 208
デコンストラクション　119, 120
データ・アーキテクチャ　141
データウェアハウス　88, 91, 208
データ・マイニング　47, 88, 208
デビッドソン, D.　124
テープ　3
デル　122
転嫁　168, 182
電子市場型 EC　70, 74
電子商取引　67, 111
電子データ交換　59, 113, 121
電子文書　184
電子メール　4
東京証券取引所　172
統合マネジメント　168
To Be モデル　159
ドラッカー, P. F.　14, 189
トランジスタ　4
取引費用　115
トレッドウェイ委員会組織委員会　178

な行

内部統制　131, 132, 134, 178, 179
内部利益率　147
内面化　193
ナレッジマップ　206
ナレッジマネジメント　13, 14, 144, 191, 204
ナレッジリポジトリ　207
ナレッジワーカー　14
二進数　4
日本情報処理開発協会　176
日本版 SOX 法　185
入力装置　3
認証　174
ネット直販　122
粘着性　192
農業革命　3
農業社会　3
Know-Who ディレクトリ　206, 212
Notes　206
ノートパソコン　204
ノートン, D. P.　152
野中郁次郎　191
ノーラン, R. L.　7

221

索引

は行

ハイアラキー　68
byte　4
パスワード　172, 184
パーソナル・コンピュータ　5
バックヤード　62
バッチ処理　5
発展段階仮説　7
バートン=ジョーンズ，A.　190, 208
ハマー，M.　159
バランス・スコアカード　82, 152
VAN　59, 61
範囲の経済　119
VAN事業者　61
ハンセン　195
パンチカード会計機　3
半導体素子　4, 5
汎用コンピュータ　6
場　198
BI　88
BSI　176
BSC　82, 152
BS7799　176
PMBOK　163
非財務効果評価手法　144
PC　5
PCS　3
ビジネス・アーキテクチャ　119, 139–141
ビジネス・インテリジェンス　88
ビジネス・プロセス　20, 159
BCP　174
日立製作所　113
bit　4
BtoC　111
BtoB　111
プラットフォーム　122
BPR　13, 21, 159
BPMN　159
Pマーク　184
評価　134
表出化　193
標準化　58
費用対効果分析　145
品質マネジメント　166
ファイアウォール　174
ファイナンス手法　146
VMI　30, 101, 121
VLSI　5
フィッシャー，M. L.　30
VPN　204
フェデックス　119
フォドフォード　160
フォールトトレラント技術　174
付加価値通信網　59
不正アクセス禁止法　183
不測事態対応計画　174
プライバシーマーク　184
プラットフォーム・ビジネス　72, 73, 122
フラット化　160
プラネット　123
プリンタ　3
ブルウィップ効果　32
Bloomberg　123
フレーム　10
プログラム　4
プロジェクト・マネジメント　157, 163
プロダクト・アウト　41
プロトタイピング手法　159
ブロードバンド通信　14
フロントエンド　62
分権型IT組織　136
分散　182
分散処理　6
分社化　137
粉飾決算　184
ヘーゲルⅢ，J.　118
ベストプラクティス　13
ベル，B. D.　189
POS　38, 69
ポスト資本主義社会　189
ボストン・コンサルティング・グループ　197
ポーター，M. E.　10, 98, 101, 103, 108
ホームページ　7
ポラニー，M.　192

ま行

マイクロプロセッサ　5
マクファーラン，F. W.　99, 105
マーケット・イン　42
マーケティングの4P　40
マーチン，J.　162
マッキンゼー　197
マネジメント・コックピット　88
マネジメントコントロール　80
マネジメント・ダッシュボード　88
マルチメディア　11
マローン，T. W.　116
ミクシィ　126
みずほフィナンシャルグループ　157
ミスミ　73
ムーア　5
　――の法則　5
無線LAN　204
無停電電源　174
ムーン，M. A.　27
メインフレーム　204
目に見えない効果　144
メモリ　3
メンツァー，J. T.　27
目標　84
目標管理制度　82

モニタリング　86, 134, 183
　——と評価　133, 134

や行

ヤンセンファーマ　139
有効性　135
UML　159
ユナイテッド航空　95
UNIVAC　5
予算編成　81, 82

ら行

楽天　123
ラーマン, A.　30
LAN　6, 204
リエンジニアリング　117, 159
リクルート　136
リスク　167, 179, 182
　——・マネジメント　167
　——・アピタイト　180
リーチ　119
リッチネス　119

リーバイス・ストラウス　121
リレーション　162
リレーションシップ・マーケティング　42, 44
ルール　10
レイヴ, J.　199
LexisNexis　123
レビュー　86
連結化　193
連続自動補充プログラム　30, 101, 121
連邦型IT組織　136
Reuters　123
ロジスティクス　20
Lotus　206

わ行

ワイズマン, C.　97, 102, 105, 108
ワーキングナレッジ　211
ワークパッケージ　164
ワークフロー管理　206
ワールドコム　185
WAN　204

編著者紹介

歌代　豊（うたしろ　ゆたか）
　明治大学経営学部助教授
　筑波大学大学院経営・政策科学研究科修士課程修了
　経営戦略論・戦略マネジメント・IT経営専攻
　経営情報学会理事　三菱総合研究所客員研究員
　「情報ネットワークと企業間コーディネーション～ECは企業間関係をどのように変えるか」『企業会計』Vol. 50, No. 3, 1998年3月
　「アーキテクチャ創造企業の萌芽～スタンダード競争からアーキテクチャ競争へ」『三菱総合研究所所報』No. 42, 2003年11月
　「製品開発プロジェクトとPBSC」小原重信・浅田孝幸・鈴木研一編『プロジェクト・バランス・スコアカード』所収, 生産性出版, 2004年

マネジメント基本全集 13　情報・知識管理（インフォメーション・マネジメント）
ITとナレッジマネジメント

2007年2月20日　第一版第一刷発行

編著者　歌　代　　　豊
監修者　根　本　　　孝
　　　　茂　垣　広　志
発行者　田　中　千津子

発行所　株式会社 学文社

〒153-0064　東京都目黒区下目黒3-6-1
電話03(3715)1501代・振替00130-9-98842

（落丁・乱丁の場合は本社でお取替します）　　・検印省略
（定価はカバーに表示してあります）　　印刷/新灯印刷株式会社
　　©2007 Utashiro Yutaka　Printed in Japan　　ISBN978-4-7620-1498-7